I0480182

5 Razones
5 Lecciones
para Emprender

Ángel Gámez

5 Razones
5 Lecciones
para Emprender

Editorial RPEX
Red Personas de Éxito
J-400007496
www.fundalideres.com

Caracas, 2017

Todos los derechos reservados. Ninguna parte de este libro puede ser reproducida o transmitida en cualquier forma o por ningún medio electrónico o mecánico, incluyendo fotocopiado, grabado, o por cualquier almacenamiento de importación o sistema de recuperación sin permiso escrito del autor.

Ⓤ Copyright 2017
Ángel Gámez

Diagramación:
Dora Paulina Nicholls

Diseño de Portada
Adriana Montiel Medina

Corrección de estilo
Rósselim Jiménez

Impreso en Venezuela
por Miguel Ángel García e Hijo, s.r.l.
Caracas

Dedicado a mi hermano Héctor Gámez.
@hectorgamezdj El mejor Dj de música
electrónica que haya conocido.

Armonías delirantes,
que me llevan a todas partes,
siete notas musicales,
elementos esenciales.
La vida es un misterio.
La música mi remedio.

Vivo en la dimensión del sonido.

Índice

Prólogo

Una de las principales incógnitas que se presentan en la epistemología es la interrogante por el ser humano, visto desde la posibilidad de generar conocimientos. No solo porque se necesite encontrar respuestas biológicas, científicas o psicológicas de éste, sino porque el hombre es en sí mismo un misterio. Aunque se conozcan muchos hallazgos, siempre queda el vacío de haber descubierto tan poco de él. Esto ya de por sí es una aventura.

Preguntarse cómo aprendemos es una necesidad innata. Desde siempre el hombre ha generado la tarea de transmitir lo que conoce, e incluso muchas comunidades han transmitido sus conocimientos narrando sus experiencias de manera verbal. Así es como han mantenido sus legados y leyendas ancestrales. Justamente, en este libro que se presenta a continuación encontraremos una serie de historias extraordinarias que nos invitan a recorrer un camino de enseñanzas. Historias que son dignas de leer con detenimiento, porque llevan una carga asombrosa de sabiduría, contadas además con mucha sencillez y sapiencia. Admito que más de una vez solté carcajadas y sonrisas, al experimentar la aventura descrita en esta obra.

Existe infinidad de enfoques cuando se habla de *emprendimiento*. En el presente libro se nos muestra una visión experiencial sobre los pasos que se deben tomar en cuenta cuando un ser humano decide emprender. Digo que decide, porque sin duda emprender es una decisión, y muy importante. Por eso esta aventura que ha realizado Ángel Gámez al escribir es de riesgo alto. Porque es sumarse a la necesidad de cambiar vidas, cambiar seres humanos y eso siempre es una proeza significativa.

La primera aproximación que suge cuando se habla de emprendimiento es a través de un análisis económico. Parece que se le da más importancia al dinero que a otros riesgos naturales. En este libro se nos enseña a dar un salto menos cuantitativo a uno más cualitativo para relacionar el emprendimiento con la condición humana. Es la propia historia del ser humano la que te lleva a lugares increíbles de superación personal y esta es la aventura que nos cuenta el autor en estas líneas.

En esta obra se parte desde la perspectiva antropológica, es decir, desde el estudio del lenguaje humano. Pero sin dejar de lado las vivencias cotidianas, las experiencias que se tienen en el transcurso de la vida. Se parte de dos conceptos clave para pensar en el ser emprendedor: condición y acción. Es importante decir que nuestra condición humana es la que nos motiva a plantearnos caminos en el transcurso de la vida misma. Nuestra naturaleza es la que nos lleva a vivir de una forma u otra. Pero es precisamente la acción, la que nos mueve a hacer cambios importantes, a vivir de actividades y capacidades que nos permitan escribir nuestra propia historia.

El emprendimiento, aunque en su primer acercamiento tenga libertad económica y monetaria, en muchos casos puede cambiar y esto lo deja muy claro el autor. Por eso al principio de cualquier emprendimiento no solo se debe tener condición sino acción, fortaleza de voluntad, riesgo, pasión y dignidad.

Los dejo entonces con este libro, partiendo de una reflexión del propio escritor que quizá los impulse en el camino hacia esta aventura de emprender:

> *¡Arriésgate! Haz que algo suceda. Por las cosas que amas. Por las cosas que te apasionan ¡Arriésgate! Respirar es arriesgar, porque ni siquiera sabes cuánto tiempo te queda de vida terrenal, así que ¡Arriésgate! Cuando se acerque el día que tengamos que trascender biológicamente para irnos a otro plano, nos vamos a arrepentir más de las cosas que*

no hicimos que de las que hicimos y no salieron tan bien. Porque el dolor que se siente cuando no hacemos lo que amamos es mucho más grande que el que se siente cuando lo hacemos y no sale. ¿A qué le tienes miedo? ¡Arriésgate! Aunque no lo creas, siempre estás arriesgando. Arriesgando a perderlo todo o arriesgando a no ganar nada. ¡Haz que algo suceda!

DUBÉN CABRITA
Filósofo. Miembro fundador de Date Geek Group. C.A. PagoFlash International, C.A. (@DubenCabrita)

El negocio

*E*staba conversando con un amigo que últimamente se había convertido en un maestro para mí en materia de finanzas y negocios. Esta vez lo notaba molesto pero inspirado. Era una de esas ocasiones en donde la ira es aprovechada para generar fuerzas de superación y éxito. Justo eso era lo que expresaba su roja cara de molestia, cuando me contaba cómo tenía cierta indignación pues había personas que querían perjudicar su negocio.

Josué Ávila tenía un súper abasto que vendía todo tipo de alimentos: carnes, quesos, entre otros artículos de primera necesidad. En esa oportunidad el alquiler se lo querían aumentar de forma inesperada, triplicando el monto ya establecido. Prácticamente era un insulto. Una despedida indirecta del local.

Josué es bien conocido en la zona por su carisma y buen trato hacia las personas, pero además tiene un valor agregado dentro de lo que hace. Trata de ver a sus trabajadores no solo como empleados sino como piezas fundamentales en el negocio. Les muestra que sus actividades no son solo vender alimentos, sino ofrecer soluciones y sonrisas con comodidad para comprar. Que el servicio en pleno, el avocamiento hacia la excelencia y la calidad en la atención, son los elementos que hacen grande el aparataje que se maneja detrás del despacho de algún alimento o producto.

Por este marcado liderazgo Josué se ha ganado el respeto de las personas que apoyan y trabajan a su alrededor y de todos sus clientes y vecinos. Además de garantizarle seguridad al sector y bases sólidas para llevar a cabo su negocio con éxito.

Muchas veces cuando alguien observa la prosperidad de otro, ve lo fácil, la punta del iceberg, pero nunca lo que está por debajo. Ve el logro pero no ve el esfuerzo. El facilismo se apodera de su mente y piensa que todo es "soplar y hacer botellas".

Este es el caso de muchas personas que llevan los alquileres en determinados establecimientos. Observan lo bien que les va a sus arrendados y por inercia quieren aumentar, pues deducen que si les está yendo bien pueden pagar más. Pero ¿qué tanto más?, ¿tres veces, cuatro veces más?

Por eso mi amigo me contaba cómo había tenido que discutir con la persona del alquiler por el aumento descomunal que pretendía imponerle. De aquella dura conversación Josué Ávila inspiró profundamente y empezó a contarme de forma acalorada sobre la respuesta final que le dio a su arrendatario:

Yo no tengo problemas en entregarte el local si es lo que deseas. Y te voy a explicar algo para que te quede claro. Si no tengo este local disponible puedo vender en cualquier parte. Puedo llevarme los artículos y continuar haciendo lo que hago en cualquier sitio. Tú verás qué haces con el local. Si lo puedes mantener. Si permites que la comunidad te caiga encima. Veré si eres capaz tú u otra persona de prestar el servicio que yo presto y de comunicarte con la gente como lo hago yo o como lo hace mi equipo. Y te voy a decir más. El negocio aquí no es vender comida, no es el sitio ni el local. Tampoco el negocio es el servicio que se les presta a las personas, mucho menos tiene que ver con la calidad con la que tratamos a la gente. Piensa bien y entiende de una vez por todas que ¡El negocio soy YO!

Ser

Eres un ser único, un ser especial. Por lo que vas dejando tu huella, que no es la huella dactilar ni la de las pisadas sino la de su personalidad. Esto lo haces con cada acción, con cada pensamiento, con cada sentir. Eres único, no tienes que parecerte a nadie ni tampoco querer ser diferente, y

muchos menos cambiar tu esencia. Pero lo que sí puedes cambiar son tus pensamientos negativos y las creencias limitantes. Así como eres puedes tener todo el éxito, la felicidad y la satisfacción que deseas en tu vida. En todo hay debilidades y virtudes, por eso céntrate exclusivamente en tus fortalezas y sé el líder o la líder que siempre has querido ser.

Introducción

¡*H*ola! Te mando un abrazo de corazón a corazón para que inicies con buenas energías este maravilloso viaje. Yo en lo particular estoy muy contento de poder compartir contigo y mi alma se siente complacida.

Vamos a conversar gratamente sobre emprendimiento y crecimiento personal. Sobre cómo desarrollar tus finanzas mientras creces en lo espiritual. A muchas personas estos conceptos les parecen opuestos. Si surges o evolucionas en lo emocional tus finanzas disminuyen o si surges económicamente, entonces bajas gradualmente tu fortaleza espiritual. Pero déjame decirte que no funciona así. No es binario, puedes desarrollar ambos aspectos de tu vida.

El emprendimiento es un eje transversal en el desarrollo de estos dos aspectos y está estrechamente vinculado a la libertad. Ocurre que en ocasiones, dependiendo de las circunstancias, cuando un emprendedor está en una situación limitada puede generar a través de su creatividad, aspectos, momentos, escenarios que le generen éxito, incluso traspasando todos esos obstáculos. Quizás estos inconvenientes son más bien un motor que le impulsa a lograr sus sueños. No existe suficiente creatividad para la creatividad.

Lo que te planteo aquí es un modelo y el testimonio de una experiencia de emprendimiento. Sumado a la conciencia interna que he vivido en mis años como emprendedor y de muchos otros componentes. Son años de experiencia manifestados en este escrito que estoy seguro te serán de mucha utilidad.

Conseguirás anécdotas quizás con algunos insumos para reír y reflexionar. Espero puedas aprovecharlas al máximo y disfrutes de la lectura. Si podemos sacar una sonrisa y a la vez darte algo que puedas poner en práctica, entonces el trabajo está hecho.

Te invito también a que participes activamente en los ejercicios pues estos están diseñados para generar cambios y transformación en tu ser. Ni la varita mágica de *Harry Potter* va a funcionar si no accionas, por lo tanto es momento de empezar a trabajar.

Vamos a comenzar por un reto mental. Me gustaría que pensaras en diez personas de éxito. Personas a las que admires, en el ámbito nacional o internacional. Actores, cantantes, empresarios o cualquier persona conocida que sepas que ha obtenido grandes logros. ¿Deseas escribirlas?:

_____

_____

_____

_____

Muy bien, continuemos. Ahora deseo que pienses qué tienen en común estas personas y extiende el reto. Analiza diez cosas que tengan en común. ¿Quieres anotarlas?

_____

_____

_____

_____

Estoy totalmente seguro que hay una característica que no has podido nombrar aquí. Te la voy a mostrar más adelante. Mientras tanto continúa disfrutando.

Primera parte
Cinco razones

La vaina está jodida

*A*ntes de comenzar con las cinco razones que le dan forma a este primer segmento, quiero confesarte que hay algo que me tiene desconcertado y que quiero compartir contigo. Desde que nací y tengo uso de razón he escuchado: *"La vaina está jodida y no va a mejorar"*. Pasan los años, cambian los gobiernos, crecen los niños, avanza la tecnología y la gente sigue diciendo lo mismo.

Sin embargo, aun escuchando esta frase constantemente, en gran parte de mi familia y de mi entorno, me atreví a poner en marcha una tarea que nunca pensé que llegaría hasta donde llegó.

Cuando estaba todavía en la universidad estudiando para ser profesor de educación física, mi primo, que además era mi *rommie*, me obsequió un libro sobre *comunicación*, señalando que por mi personalidad le iba a sacar mucho provecho (en realidad lo que quiso decir es que yo era un gran hablador). Lo leí varias veces y empecé a aplicarlo, ya que me di cuenta de lo valioso que era y las maravillosas técnicas que estaban planteadas en él.

De la misma forma, a medida que iba leyendo noté que el tema principal podía ser planteado de otra manera. Por lo que me dediqué a investigar un poco más, encontrando varias fuentes que también tenían planteados conceptos importantes.

Así que, luego de un tiempo, me decidí a montar una presentación sobre esta idea. En esa época estaba apenas empezando a ser moda el *video beam* y el *Power Point,* por lo que me tomaba bastantes horas llevar a cabo el trabajo, mientras aprendía a utilizar el programa. Ahora, ¿para qué lo hacía?, no lo sé. Sinceramente en ese momento no existía un motivo específico. No tenía a quién mostrárselo formalmente, ni un evento en especial.

Y así pasó un buen tiempo. Me gradué. Luego me casé y empecé a construir mi familia. Muchas cosas cambiaban en mi vida, pero otras no. Yo continuaba con aquella exposición, poniéndole más cosas y mejorando otras. Pasaba días y hasta semanas en eso, mientras les comentaba a mis amigos sobre las técnicas que había investigado y la presentación que estaba montando. A lo que muchos me respondían: *"Ya viene este con sus técnicas locas de comunicación".*

Era un trabajo apasionante para mí. Pero que no salía a la luz, ya que no tenía a quién mostrárselo. Incluso, después de casi tres años de haber iniciado su construcción.

A todas estas yo continuaba escuchando aquella frase *"la vaina está jodida y no va a mejorar"*. Palabras que me hacían pensar mucho al respecto. Veía a mí alrededor y cada día observaba personas que iban decayendo en calidad de vida, en su trabajo, con su familia y en lo económico sobre todo. A mí también llegó a afectarme *la vaina* por lo *jodida* que estaba.

Pero por otro lado continuaba concentrado en mi presentación. No la dejaba ir. Hasta que llegó mi primer momento. Una persona conocida de una amiga estaba organizando un evento con diversas conferencias sobre variados temas, entre ellos *la comunicación*. El último día, antes de la presentación final, un conferencista canceló su charla, por lo que mi amiga, que ya me había escuchado hablar del tema infinidad de veces me recomendó: *"Yo tengo a uno que va a hablarte sobre ese tema en tu evento. Anda loco hablando siempre de eso"*.

La organizadora me llamó y cuando le contesté, empezó a hacerme preguntas. La noté insegura pero a la vez desesperada por la premura. Me dijo que necesitaba que estuviera listo para el día siguiente, aun cuando me estaba avisando tarde. Y me preguntó:

—*¿Cómo vas a hacer con la presentación, te dará tiempo de prepararla?*

Yo le respondí:

—*La tengo lista desde hace tres años.*

Al día siguiente el evento estuvo de maravilla y la presentación fue un éxito total. Hubo muy buena aceptación por las personas presentes. Por lo que continué mejorando mi trabajo, impulsado por la reacción que había tenido.

Estar metido en aquella labor me hacía olvidar los problemas cotidianos. Me hacía alejarme de la realidad y la insistente frase *"la vaina está jodida y no va a mejorar"*. Ante aquel comentario mi cabeza daba vueltas sobre cómo conseguir una solución. Pero no lo lograba pues sabía que muchas de las cosas que se decían eran ciertas. Así que solo encontraba una salida hablando una y otra vez de mi tema preferido.

Aun con todas las dificultades económicas, seguía enfocado en realizar aquello que me daba placer. Y a veces me preguntaba si debía continuar preparando esa presentación o dedicar mi tiempo libre a ejecutar alguna actividad que me generara ingresos económicos. Porque a decir verdad, la vaina estaba jodida y quizás no iba a mejorar.

Tiempo después empecé a realizar un postgrado en Administración del deporte y en uno de los cursos me tocó, junto con mis compañeros de clase, llevar a cabo una presentación de un tema en específico. Éramos doce estudiantes, por lo que eran doce temas:

administración, liderazgo, planificación, negocios, *comunicación*, evaluación, entre otros. Cada uno fue sorteado. Todos los estudiantes fuimos metiendo la mano para sacar un papelito con el nombre del tema. No podía creer cuando abrí aquel papel y observé lo que me tocó. Por supuesto, el de la comunicación. En ese momento pensé que era algo mágico o supersticioso. Algo sobre-natural. Hoy entiendo que es cotidiano, todo está en la energía. Estaba seguro de que los iba a sorprender. Tenía bastante experiencia, ya había presentado varias veces el tema, con dinámicas y actividades prácticas.

Y así fue. Cuando terminó mi conferencia, la persona que nos estaba evaluando me dijo que el material y la forma de presentarlo eran geniales y que deseaba certificar y avalar esa actividad que llevé a cabo para abrirlo a las comunidades, ya que él era el encargado de legalizar convenios con otras empresas formativas. A partir de allí empecé a facilitar talleres que con los años se convirtieron en una empresa llamada **RPEX** (Red personas de éxito), y en una fundación de ayuda a personas de diversos sectores llamada **Fundalíderes.**

Hoy he creado muchos cursos y dos sistemas más: el Instituto Universal de Liderazgo y el proyecto FECLE (Formación de Emprendedores, Conferencistas y Líderes Empresariales). Y siempre al pensar y reflexionar al respecto me sorprendo de todo lo que he logrado, solo por atreverme a comenzar. A dar el paso.

Siempre nos imaginamos algo, pensamos que una actividad nos va a salir de una forma u otra, pero cuando decidimos accionar, se comienzan a sumar factores mucho más interesantes y valiosos que te dan una experiencia distinta.

No es tan difícil como se cree, y mucho menos imposible. Si me hubieran dicho que iba a realizar todo esto que he llevado a cabo hasta hoy, nunca lo hubiese creído. Porque la verdad, la mayoría de las cosas fueron surgiendo en la medida que iban pasando los días. Lo más importante aquí fue arrancar con buena intención e inmediatamente salieron nuevas ideas y nuevas formas de hacer y mejorar lo que hago.

No nací enseñando. Lo aprendí en el camino.

No sabía lo que iba a ocurrir hasta empezar. Nunca lo supe.

De todas maneras, aun cuando puedo comentarte de estos logros y del éxito que he tenido, no cambiaría lo que he conseguido por la experiencia. Me quedo con lo que he vivido. Con las vivencias que quedan. Hoy amo todo lo que me ha ocurrido y lo que continúa ocurriéndome cada vez que inicio algún proyecto. Las adversidades, las situaciones que me enseñan. También las sonrisas y la pasión que se siente al vivir algo diferente, fuera de la rutina.

Por eso te puedo decir que, incluso cuando la vaina esté jodida, no te detengas. Nunca sabes lo que te puedes encontrar en el camino.

No puedes esperar a que todos los semáforos estén en verde para encender tu auto. No puedes esperar a que el clima esté perfecto para salir. No puedes esperar a que la vaina mejore para accionar. Yo empecé aun con la vaina jodida y cosas interesantes ocurrieron. Cosas que no esperaba y que ni siquiera imaginaba.

Por eso aquí te voy a mostrar cinco razones para comenzar tu camino. Tu propia historia. Para que te atrevas a realizar lo que amas y dejes la vaina como está.

La vaina está jodida y no va a mejorar. Lo sabemos. No importa. Deja la vaina tranquila. Preocúpate por ti. Mejora TÚ.

El éxito

El éxito es aprender del fracaso. Muchas veces el último resulta ser más importante que el primero, porque te deja una enseñanza. Incluso, en algunas ocasiones es importante apuntar a fallar, apuntar a fracasar, como el taladro que les salvó la vida a los mineros de Chile, que cuando apuntó a errar fue que dio en el blanco. Porque cuando apuntaba a acertar había una desviación en la tierra por la dura roca que los hacía fallar. Por eso apunta hacia la luna, porque si fallas, al menos vas a caer en las estrellas. No hay fórmulas mágicas, no hay atajos. Hay millones de libros y cursos pero aun así la respuesta final la tienes ¡Tú! Y si tuviera que darte una fórmula esta diría así: El éxito es sentirse exitoso.

#1
¿Qué tienen en común?

C omencemos entonces por donde lo dejamos. Recuerdas la pregunta que te hice al inicio de este viaje: ¿Qué tienen en común todas las personas de éxito que han emprendido el camino de conseguir y conquistar sus sueños? Cuando comenzamos a analizarlo, podemos pensar en la constancia, la perseverancia, el amor, la fortaleza mental, la pasión por lo que hacen. Posiblemente coincidimos en muchas de las respuestas que diste anteriormente. Pero estoy casi seguro que hay una de ellas que no notaste y que puede ser la clave para que inicies el emprendimiento de tus sueños:

Ninguna de estas personas exitosas tiene algo que tú no tengas. No hay diferencias sustanciales. Son exactamente iguales a ti y a mí.

Y aunque te parezca extraño, esta es la primera razón por la cual emprender. Que ya otro lo ha logrado. Hay total seguridad de que sí puedes conseguir todo lo que desees ya que existen personas como tú y como yo que lo han hecho. Por eso te recomiendo que empieces [o comiences] a compararte con los grandes. Con los que tú mismo recordaste y escribiste en tu primera respuesta.

Esto no quiere decir que con solo compararte ya vas a lograr todos los éxitos que tienen los demás. Como todo en la vida, hay que trabajar. En el único sitio donde aparecen el éxito, la riqueza, el dinero y la prosperidad primero que el trabajo es en el diccionario.

Sin embargo, el hecho de compararte va a alimentar tu motivación, el impulso y la fe para empezar y continuar con tu emprendimiento. He escuchado personas que dicen que nadie puede compararse porque es algo negativo para su vida. Pero la verdad es que comparar es de humanos. Siempre lo hacemos. Asociamos, vinculamos, buscamos referencias, nos medimos. Todo está en la energía con que lo hagas. Si lo haces desde la envidia posiblemente no te sientas bien y la voluntad que necesites para emprender se desvanezca. Pero si lo haces como un reto para ti, tomando su éxito como una inspiración y sobre todo siempre siendo consciente de que no son personas de otro mundo, entonces los resultados serán maravillosos. Nadie es dueño de la excelencia. Si alguien es excelente en algo, tú también puedes serlo.

> **"Si he logrado ver más lejos, ha sido porque he subido a *hombros de gigantes*"**
>
> *Isaac Newton*

Compararte con los grandes es un paso importante que va a transformar la forma de ver tu emprendimiento. Pues todos los que mencionaste al principio, o una gran parte de ellos, iniciaron así. Soñando, pensando y comparándose con los mejores. Quizás dijeron algo como: *"Si él pudo llegar yo también puedo"*.

Y mucho más importante, debes saber que la mayoría de los que han logrado el éxito comenzaron siendo unos fracasados. Incluso siguen fracasando pero de una forma más provechosa mental y emocionalmente. Todos los que conocemos y que han logrado algo significativo en sus vidas son personas comunes y corrientes, seres humanos con defectos y virtudes, con grandes fortalezas, con ímpetu y determinación. Son personas que también sienten emociones *"bajas"* (rabia, tristeza, miedo) y *"altas"* (alegría, felicidad, pasión) como tú y como yo.

Hace mucho tiempo conocí personalmente a uno de mis escritores favoritos. Y al verlo de cerca y escucharlo hablar, me di cuenta de algo que cambió mi vida y me dio poderosas energías para arrancar mi emprendimiento. Lo noté humano, normal, una persona común, pero que simplemente se atrevió a escribir, a accionar. Allí algo en mi hizo *clic* y me inspiró a buscar y lograr otros objetivos.

Desde ese momento inicié mi trayectoria como escritor. Hoy tengo siete libros escritos, una editorial y una empresa en constante crecimiento. Quizás para algunos eso significa mucho y para otros es poco. Para mí es un sueño que vivo a diario. Pero que sobre todo me mantiene con los pies en la tierra. Aún conservo mi esencia, tomo en cuenta de dónde vengo y cómo me he relacionado. No me siento superior a nadie ni con dotes especiales. Sencillamente creo en lo que hago y estoy seguro de mí mismo, siempre recordando unas palabras que me dijo un amigo poeta: "El camino está a la derecha, el camino está a la izquierda, el camino está arriba. El camino está abajo. **Yo estoy sobre el camino ¡Yo soy el camino!**"

Comentario del Lector

De los grandes debemos modelar las acciones y pensamiento que se ajusten a nosotros, sin perder nuestra esencia. Muchas veces creemos que estas personas que han logrado algo importante en la vida son superdotadas o con mucha suerte, y no es así; como comenta el autor, los exitosos son iguales a nosotros, la única diferencia es que tomaron una decisión y la mantuvieron hasta el final, tanto en los momentos de triunfo como en los de fracaso. Tomar la decisión de emprender nos lleva a enfocarnos, a alinear nuestros pensamiento con las acciones y lograr el éxito que cada uno de nosotros espera.

CAROLINA IBARRA
Gerente de ventas en el área de Tecnología
Networker (@acarolai)

Ángel Gómez

2
¿Quién es el responsable?

Cuando se habla de responsabilidad a muchas personas les tiemblan las piernas. Muchos culpan a alguien más de todas sus situaciones, sin darse cuenta que cada quien debe asumir lo que le ocurre. Responsabilidad es un concepto sencillo. Es simplemente la capacidad que tienen las personas para responder. Para ser conscientes y asumir las acciones que se llevan a cabo. Cuando alguien no puede reaccionar ante un compromiso o una situación que le concierne, entonces no es responsable.

En mis años en la universidad fui líder estudiantil, velaba por que se cumplieran los derechos de los estudiantes. Y tenía la concepción de que las autoridades universitarias junto con el gobierno nacional debían apoyarnos y hacerse cargo de nosotros pues representábamos el futuro del país. Este es un pensamiento que aún mantengo, pero no exactamente como antes.

Uno de los beneficios que teníamos los estudiantes y con el cual estábamos más compenetrados era con el servicio del comedor. Por muchos años se mantuvo un pequeño arancel que en su inicio representó el veinte por ciento del valor real de la comida (este dato lo obtuve hace poco). Pero rápidamente los años fueron pasando, la comida incrementó su precio pero el arancel se mantuvo. Se continuaba pagando la suma de diez bolívares sobre aquel almuerzo que ya no costaba cincuenta bolívares sino cien, doscientos, trescientos y así sucesivamente. El porcentaje era cada vez menor que el veinte por ciento inicial.

Ya los almuerzos en la calle estaban sobre los ochocientos bolívares y por alguna razón desconocida, o por mera inercia, no se habían aumentado los precios de los aranceles. Incluso me enteré de que varias veces las autoridades habían intentado aumentarlo, pero fracasaron rotundamente y tuvieron que mantener el monto antes mencionado.

Pero de pronto la universidad dejó de recibir el subsidio que les daba el gobierno nacional por concepto de beneficio de alimentación para los estudiantes. Esta situación los obligó a aumentar el precio de la comida a treinta bolívares para generar algunos ingresos y mantener por unos meses el comedor. En ese momento los estudiantes dirigidos por mí, iniciamos una campaña de fuertes protestas por el incremento, cuando esto no representaba casi nada comparado con como estaban los montos de las comidas en la calle.

Protestamos, hicimos pancartas y argumentamos múltiples excusas para que no aumentaran. Contamos con el respaldo de todos los estudiantes hasta que logramos que la Universidad desistiera. Nuestra consigna era que el gobierno y las autoridades tenían que encargarse de darnos comida, de garantizarnos la alimentación. Porque sí.

Para nosotros fue una gran victoria. Recuerdo que lo celebré yendo al comedor con una bebida energética y un pedazo grande de torta para acompañar mí almuerzo. En dicha bebida energética invertí cerca de ochocientos bolívares. De pronto me vino una revelación que cambiaría mi forma de ver las cosas. Observé alrededor de las mesas y vi como muchos compañeros, acompañaban su almuerzo de diez bolívares con algún *snack o suvenires* que costaban casi lo que un almuerzo en la calle. Y así continué observando por varios días el mismo fenómeno. Lo que me llevó a pensar: *"¿Podemos pagar estas chucherías a un alto precio, pero no podemos dar un pequeñísimo abono en el arancel del almuerzo?"*. Es totalmente injusto.

Hoy entiendo que cometí un error al defender una causa que no tenía sentido. Yo estoy a favor de que se apoye a los estudiantes, sobre todo si éstos son de bajos recursos económicos, pero que a la vez se evalúe cómo se puede compensar esta ayuda. Todo esto por una razón muy sencilla que a continuación voy a mencionar, y que fue una gran enseñanza para mí: NO HAY COMIDA GRATIS.

Todo lo que es regalado tiene un precio y alguien lo está pagando. Cuando tú observes que hay algún beneficio, inmediatamente piensa quién se está encargando de pagar por eso. Piensa de qué bolsillos está saliendo. Esto es importante tomarlo en cuenta, porque si te acostumbras a recibir sin dar nada a cambio, te resultará mortal, no tendrás nada de responsabilidad y buscarás culpables para todos tus males.

De toda esta experiencia entendí que el responsable de conseguir mi alimentación soy yo, no las autoridades ni los gobiernos. El responsable de mis finanzas soy yo. No la economía mundial o la del país. El responsable de mi suerte soy yo. El responsable de mis fracasos soy yo. El responsable de mis éxitos también soy yo. Me niego a pensar que un sistema de gobierno, una religión, o alguna situación determinada pueda tener influencia sobre mis finanzas y sobre mi emprendimiento. Eso sería entregar el poder que me caracteriza como ser humano. Un poder que también tienes tú. Si piensas que por alguna razón externa no puedes lograr evolucionar en tus finanzas o hacer crecer tu emprendimiento, entonces estás cediendo ese valioso poder interior que todos los humanos poseemos.

Ponte a trabajar con tu mente y con tu corazón, respira y mantén la calma pues siempre hay una solución por muy compleja que parezca la prueba. Siempre hay una forma de lograr tus sueños. Dejar la responsabilidad en otro es lo más fácil que existe. Tú eres el responsable. Nadie más.

Haz este ejercicio. Tómate unos segundos para esto, te va a fortalecer: coloca la punta de todos los dedos de tu mano apuntando a tu pecho. Ahora tócatelo varias veces repitiendo, *el responsable soy yo, el responsable soy yo, el responsable soy yo*. Vuélvelo a hacer y siente el poder de esa frase. Asume con liderazgo tu destino. Llegó la hora de que cambies la palabra *culpable* por la palabra *responsable*.

Todo emprendimiento obedece a razones internas y que tenga éxito o no depende esencialmente del emprendedor. Todo lo demás son accesorios. Yo en lo particular te confieso que nací en un barrio muy pobre y mis condiciones socioculturales y financieras eran totalmente nulas para emprender algún sueño. Aun así pude lograr convertirme en un escritor con varias obras en auge y en un conferencista y empresario de éxito. Y lo logré pensando siempre que todo lo que me ocurre está en mis manos, porque *el responsable soy yo*.

La palabra

Y la palabra se hizo carne. Las palabras tienen un poder especial, tienen un poder de transformar nuestro entorno, transformarnos a nosotros. Todo lo que ha sido creado en el ambiente físico primero pasó por un pensamiento y luego se convirtió en palabra. Éstas construyen o destruyen. Por eso, úsalas para cosas positivas. Sé optimista. El optimismo no cuesta nada pero logra grandes beneficios. Así me lo dijo un amigo una vez: "Que tu contacto con las personas logre construir, no destruir". Y la mejor forma de construir es a través de palabras positivas.

Comentarios del Lector

Todos tenemos un poder personal, reconocerlo es ubicarnos en el escenario de la responsabilidad por un resultado. La posición de víctima no solo busca culpables externos, sino que desconoce que tenemos el poder para crear. Si quieres emprender, el éxito dependerá del grado de responsabilidad que asumas.

MAGDOLYS ALTUVE
Emprendedora, empresaria de la nueva economía, Life Coach, conferencista. @dolycoach

Toda la vida hemos sabido de personas exitosas, y muchas veces decimos (o escuchamos) que esa persona logró todo por SUERTE. La suerte es el punto de encuentro entre OPORTUNIDAD y PREPARACIÓN, unido a dos ingredientes secretos que juntos conllevan a resultados extraordinarios, estos son: la acción persistente y la determinación ¿Quieres emprender y ser exitoso? Prepárate: lee libros, asiste a conferencias y escucha audios de mejoramiento personal.

Enfócate en la actividad que quieras desarrollar. Determínate a alcanzar ese resultado, coloca fechas y cúmplelas. Actúa hasta que lo logres. Recuerda siempre que los límites son mentales, así lo dijo Henry Ford: "Lo que tu mente puede concebir y creer, tu mente lo puede lograr". Eso es ser responsable. Bienvenido al mundo del emprendimiento.

PEDRO LÓPEZ CASANOVA
*Life Coach, conferencista, empresario de la nueva economía, emprendedor @pedrolopezcasanova
@masternindvip*

3
El cuento de la jubilación

$\mathcal{H}$oy en día emprender no es una opción, es una obligación. Hoy muchas personas a escala mundial han iniciado emprendimientos. Son cada vez más numerosas las personas que comienzan su propio negocio y convierten en realidad sus sueños. Parten rumbo a conquistar sus metas personales, profesionales y financieras.

Hay una noticia que ha hecho que se le agregue leña al fuego a esta situación: el empleo está desapareciendo. Las compañías y organizaciones a escala mundial han contratado y adquirido tecnología que agiliza el trabajo y lo que antes hacía una o varias personas lo hace una máquina o un programa. Por ejemplo, los cajeros de los bancos han sido reemplazados por cajeros automáticos, transferencias y botones de pago a través del comercio electrónico. Este por dar un pequeñísimo ejemplo entre millones que fortalecen este planteamiento. A las empresas, a largo plazo se les hace menos complicado invertir en sistemas que contratar personas a las que hay que darles muchos beneficios y sobre todo pagarles una jubilación.

El tema de la jubilación es complicado. Muchos lo ven como un seguro, como una razón para mantenerse trabajando en un empleo estable. Lo ven como una luz al final del túnel. Sin embargo, para mí esta nunca ha sido una opción factible.

En el siglo dieciocho en un país llamado Prusia muy allegado a Alemania en ese momento, fue el primer país en adoptar un programa de seguridad social para la vejez diseñado por su presidente Otto von Bismarck.

Prusia es el país de donde proviene el sistema prusiano. Un sistema ideado con la intención de formar estrictamente soldados para la guerra que siguieran órdenes a toda costa sin protestar ni pensar. Inicialmente este fue el esquema principal del sistema. Posteriormente fue modificándose y adaptándose para crear empleados y garantizar mano de obra disciplinada para las empresas y compañías de la era industrial.

A través de este método a los niños se les obligaba a participar desde muy temprana edad en el adiestramiento, pues mientras más rápido empezaran mejor sería el aprendizaje. De aquí es de donde provienen las escuelas actuales de nuestros países, esta vez un poco más *"evolucionadas"*. Ahora en las escuelas se prepara a las personas para ser empleados, para que se olviden de sus sueños, de sus emprendimientos, para que no haya creatividad y solo cumplan con un patrón preestablecido y totalmente anticuado y obsoleto.

El caso es que el presidente de dicho país, Otto von Bismarck, en la búsqueda de control hacia las personas que trabajaban para su gobierno, les ofreció el plan de jubilación. En este les brindaba la oportunidad de trabajar de manera ininterrumpida hasta los sesenta y cinco años a cambio de otorgarles un pago permanente mensual sin tener que hacer más nada por el resto de su vida. Una oferta que no representaba gran riesgo económico para su gobierno pues el promedio de vida de las personas en Prusia era de cuarenta y cinco años.

Lo cierto es que poco a poco las demás naciones a escala mundial fueron prometiendo también este plan de jubilación. De lo que no se dieron cuenta o no quisieron darse cuenta es que muchas más personas viven hoy en día por encima de los ochenta años y de algún bolsillo tiene que salir ese dinero. *No hay comida gratis.*

¿Estoy yo en contra de que se les dé a las personas su jubilación después de haber dedicado gran parte de su vida al servicio de su país? Por supuesto que no. Al contrario, me parece que es algo que muchos tienen bien merecido por tantos años de entrega. Solo te describo el contexto bajo el cual se tomaron decisiones. Pero eso no se queda allí. Debido a los problemas que hoy existen para repartir esa riqueza entre las personas que se jubilan, y también debido a la corrupción que casi siempre ocurre en estos procesos, el beneficio ha desmejorado sustancialmente. Las personas no reciben a tiempo su pago, la devaluación de la moneda los perjudica, la inflación y los impuestos aplastan el poder adquisitivo de este dinero cuando por fin llega el momento de empezar a cobrarlo.

Yo tengo un amigo que se jubiló con el mejor rango dentro del sistema educativo. Máximo nivel y máximo sueldo para aquel entonces. Le calcularon en cuanto al monto general que iba a recibir y le tocaba cierta cantidad. Diez años después cuando por fin recibió el dinero no pudo ni comprarse un carro de segunda mano. No le alcanzó. Además de esto la mensualidad que recibía no era suficiente para adquirir el total de medicinas que necesitaba, que por cierto eran pocas para una persona de su edad.

Por eso es que, especialmente ahora, con la situación que estamos viviendo, trabajar por tener un empleo estable, seguro y cumplir los sueños de los demás no es una opción viable. Más y más personas se están dando cuenta de este fenómeno aunque todavía falta mucha gente. Solo diez por ciento de la población mundial emprende en lo que ama. Todos los demás buscan un trabajo para tener jubilación. Son personas que piensan en la seguridad, a sabiendas de que eso no existe. Solo existe la oportunidad y esta hay que aprovecharla.

4

La fórmula de la crisis E=MC²

$\mathcal{P}$robablemente esta fórmula te parezca familiar. Pero estoy totalmente seguro que no es lo que estás pensando. Quizá te estés imaginando la teoría de la relatividad de Albert Einstein, donde la energía es igual a masa por velocidad al cuadrado. Pero no es así. Para mí esta fórmula significa otra cosa y a mi equipo de trabajo y a las personas a las que les doy conferencias o estoy formando en mis cursos se las hago entender de la siguiente manera: evolución es igual a máxima crisis al cuadrado.

Posiblemente has escuchado que crisis es igual a oportunidad. Que de hecho la palabra en japonés significa oportunidad. A lo mejor te han dicho que los problemas tienes que mirarlos con otros ojos o que tienes que sacarlos de tu cabeza y concentrarte en lo que puedes hacer. Y es que no hay otra forma de evolucionar sino a través de la crisis. Te quiero confesar que yo le debo a esta todo lo que he podido lograr como escritor. Y te voy a explicar por qué.

Metamorfosis

La crisis está eufórica, me mira con sus ojos retadores y levanta su barbilla con aires pedantes. Yo, cansado de su sometimiento, obstinado de tanto aguantarla, empiezo a respirar acaloradamente. Me levanto muy molesto y la miro a los ojos con rabia, pensando que voy a acabar con ella. Me acerco violentamente y de forma agresiva, la tomo por el cuello con fuerzas profundas y la levanto. Sus pies quedan en el aire, únicamente sostenidos por mis tensos brazos, hasta que la vuelvo a colocar en el piso. La tomo con una mano y con la otra apretó el puño. Tomo un exagerado impulso y veo cómo esquiva su cara esperando el golpe. Absorbo mis dientes con alevosía y justo en ese momento, siento un toque interior que me detiene. De pronto empiezo a aflojar mi mano y el agarrón por su cuello empieza lentamente a tornarse menos amenazante. Mi rostro rabioso se convierte en curioso, extrañado. Mi mano acomoda su ropa arrugada, y poco a poco se vuelve una caricia. La suelto. Mis brazos, de armas, pasan a ser instrumentos más útiles. Ojos de compasión, corazón de amor. Separo mis brazos y la fuerza se transforma en un abrazo envolvente. Parece eterno. La crisis llora. Yo también. Son lágrimas de purificación, de limpieza, de renacer. De enemiga pasa a ser alguien familiar. Empiezo a apreciarla y a ver sus bondades, lo bueno que me ofrece. No era odio. Era amor oculto. Empiezo a colocarla a mi lado. A convertirla en mi aliada, mi amiga. Termino amándola. Se convierte en mi maestra. Somos uno, es parte de mí. Respiramos a la par. Sentimos lo mismo. Está en cada célula de mi cuerpo. Se mezcla con mi alma. Lo único que me queda decir es: Gracias crisis.

Resulta que por varios años estuve como empleado en un trabajo donde tenía un jefe de esos que no te permiten hacer nada nuevo y que desea tenerte pisoteado todo el tiempo. Por lo que para ascender dentro del lugar donde me desenvolvía tenía que rendirle pleitesía, y hacer todo como él deseaba. Esto impulsó mi creatividad y me empujó a desarrollar actividades en otras áreas en las que no estaba acostumbrado. La verdad, en ese momento hubo una fuerte crisis en mi trabajo que me obligó a sacar fuerza e inteligencia extra y desarrollarme por otra vía. Entonces empecé a escribir. Y gracias a eso pude empezar mi carrera paralela como escritor. Si mi jefe hubiese sido un hombre genial y me hubiese apoyado, quizás no habría logrado este ni mis anteriores libros y hubiese concentrado todas mis energías en ascender en esa institución. Gracias a ese momento de dificultad que se me presentó y a mi espíritu emprendedor, que no se durmió ante la adversidad, pude lograr convertirme en todo lo que soy hoy. Por eso le doy gracias a todas las malas experiencias y a mi jefe en cierta parte, por ser un maestro que presentó el escenario que me hizo evolucionar.

Hoy Venezuela vive una de las crisis más poderosas de los últimos tiempos. Y la venta de libros ha caído estrepitosamente. Por esa razón nos vimos obligados a buscar otras alternativas para hacer llegar el mensaje a las personas a través de nuestras obras. Nos obligó a pensar con creatividad e idear un poderoso sistema de ventas de mano en mano que hoy está comercializando más títulos que una cadena de librerías con todas sus sucursales. Fueron las dificultades las que nos llevaron a la situación de poder generar el sistema que hoy no solo me ayuda a mí y a mis empresas, sino que ha ayudado a muchas personas a generar ingresos mientras promueven sabiduría, crecimiento y evolución en la sociedad.

❖ ❖ ❖

El Tiburón

A los japoneses siempre les ha gustado el pescado fresco. Pero las aguas cercanas a Japón no han tenido muchos peces por décadas, así que para alimentar a la población japonesa los barcos

pesqueros fueron fabricados más grandes para ir mar adentro.

Mientras más lejos iban los pescadores, más era el tiempo que les tomaba regresar a entregar el pescado.

*Si el viaje tomaba varios días, el pescado ya no estaba igual. Por lo que para resolver el problema, **las compañías instalaron congeladores en los barcos pesqueros.** Sin embargo, los japoneses pudieron percibir la diferencia de calidad entre el pescado congelado y el fresco, por lo que tenían que venderlo más barato.*

Las compañías instalaron entonces en los barcos tanques para los peces.

Podían así pescar los peces, meterlos en los tanques y mantenerlos vivos hasta llegar a la costa. Pero después de un tiempo los peces dejaban de moverse en el tanque. Estaban aburridos y cansados, aunque vivos.

Los consumidores japoneses también notaron la diferencia porque cuando los peces dejan de moverse por días, pierden el sabor fresco.

*Y ¿**cómo resolvieron el problema las compañías japonesas?***

*Si te pidieran asesoría, ¿**qué les recomendarías?***

Mientras piensas en la solución, lee lo que sigue:

Tan pronto una persona alcanza sus metas, tales como empezar una nueva empresa, pagar sus deudas, encontrar una pareja maravillosa o lo que sea, empieza a perder la pasión. Ya no necesitará esforzarse tanto. Así que solo se relaja.

Experimentan el mismo problema que las personas que se ganan la lotería, o el de quienes heredan mucho dinero y nunca maduran.

Como el problema de los pescadores japoneses, la solución es sencilla: las personas prosperan más cuando hay desafíos en su medio ambiente.

Para mantener el sabor fresco de los peces, las compañías pesqueras ponen a los peces dentro de los tanques en los botes, pero ahora ponen también ¡un tiburón pequeño!

Claro que el tiburón se come algunos peces, pero los demás llegan muy, pero muy vivos. ¡Los peces son desafiados! Tienen que nadar durante todo el trayecto dentro del tanque para mantenerse vivos.

Cuando alcances tus metas proponte otras mayores. Nunca debes crear el éxito para luego acostarte en él. Así que invita un tiburón a tu tanque, y descubre qué tan lejos realmente puedes llegar.

Unos cuantos tiburones te harán conocer tu potencial. Que no te asusten sus dientes ni sus trampas... tú sigue alerta, pero siempre fresco.

Es tan poderoso esto de la crisis que un día estaba conversando con mi compadre (que pronto plantea salir del país, a Inglaterra específicamente) sobre cómo iban las cosas en Venezuela. Hablamos sobre las oportunidades que tiene la crisis, y la forma como ésta te desarrolla internamente. Incluso conversábamos de cómo los hermanos colombianos en la década de los ochenta e inicio de los noventa enfrentaron una situación similar en su país que los llevó a emigrar a Venezuela para ganarse la vida. Y qué con toda esa formación que tenían nos sacaban ventaja en producción, en emprendimiento, en resolución de problemas bajo presión. Hoy se han invertido los papeles. Muchos venezolanos emigran y están preparados para producir en cualquier país, por el entrenamiento que deja la mejor escuela de emprendimiento del mundo en la actualidad. Por eso mi compadre me comentaba cómo iba preparado para abrir la mente y ver cómo emprender y sacar provecho del entrenamiento que tomó aquí en su país para aplicarlo afuera, en un lugar tan organizado donde la crisis es mínima. Al final me dijo:

Creo que me tocará volver a Venezuela muy pronto para no caer en la rutina que brinda Inglaterra. Creo que necesitaré la crisis venezolana para entrenarme próximamente.

Fue un momento de revelación para ambos, al observar la importancia de aprender ante las dificultades.

En nuestra organización por ejemplo, estamos en constante crisis. Si no hay crisis, la generamos. Ahora tú me preguntarás: ¿Cómo lo hacen? Nosotros siempre estamos buscando nuevas alternativas, creando diferentes formas de hacer las cosas, viéndolo desde otras perspectivas. Nunca nos dormimos esperando a que todo salga bien, pues nos aseguramos de que así sea. Constantemente nos estamos retando y poniendo nuevos límites. Esa es una buena forma de generar crisis en la zona de confort, de colocar un tiburón en la pecera. Incluso nos metemos en problemas que jamás hemos resuelto. Cuando un cliente trae una situación, siempre decimos que podemos lograrlo y de esta manera damos con la evolución mental, la creatividad, surfeamos la ola, saltamos el obstáculo para llegar al éxito.

Si revisas la mayoría de las historias de grandes logros, todas han surgido de adversidades. Las mayores economías mundiales se han levantado de las crisis más importantes: después de una guerra o después de un acontecimiento de impacto natural, político y económico. Lo que demuestra que la fórmula que te presenté al inicio es efectiva: evolución es igual a máxima crisis al cuadrado.

Ahora, ¿qué tienes que hacer para que puedas evolucionar ante la crisis? Empieza a tener creatividad, a mirar el fenómeno desde otra perspectiva. Pero sobre todo arriesga. Entregarte a lo seguro no es una opción en la nueva economía, hay que estar aventurándose todo el tiempo. No vamos a saber hasta que no iniciemos. Todo lo demás es un juego con tu mente, un trabajo de imaginación, pero hasta que no arranques con lo que deseas llevar a cabo no sabrás si será bueno o no. De esta manera, avanzando podrás darte cuenta rápidamente que tienes que mejorar. El riesgo es un factor fundamental en el emprendimiento.

Aprovecha la fórmula que te entrego en estas líneas con la mejor de las disposiciones, con alegría, como me pasa a mí cada vez que hay dificultades. Los problemas complican, pero también son muy buenas noticias para los emprendedores y una oportunidad de evolucionar espiritual, mental, emocional y financieramente. El carácter del emprendedor se mide cuando hay crisis.

$$E=MC^2$$

Riesgo

¡Arriésgate! Haz que algo suceda. Por las cosas que amas. Por las cosas que te apasionan. ¡Arriésgate! Respirar es arriesgar, por que ni siquiera sabes cuánto tiempo te queda de vida terrenal, así que ¡Arriésgate! Cuando se acerque el día en que tengamos que trascender biológicamente para irnos a otro plano, nos vamos a arrepentir más de las cosas que no hicimos que de las que hicimos y no salieron tan bien. Por que el dolor que se siente cuando no hacemos lo que amamos es mucho más grande que el que se siente cuando lo hacemos y no sale ¿A qué le tienes miedo? ¡Arriésgate! Aunque no lo creas, siempre estás arriesgando. Arriesgando a perderlo todo o arriesgando a no ganar nada. ¡Haz que algo suceda!

Ángel Gámez

5

El motor del emprendimiento

_L_a principal causa para mantener la perseverancia, la constancia y la determinación tiene que ser exclusivamente _el amor_. Este es el verdadero motor del emprendimiento. Cualquier otra cosa que te impulse para emprender, tiene muchas posibilidades de fracasar. La energía del amor es la más pura que puede existir y esa es la fuerza que recomiendo que esté detrás de tu trabajo y en tus finanzas.

Nuestro espíritu se va marchitando cuando no es el amor nuestro principal impulso. Piensa en personas trabajando en alguna institución que no les gusta, que hacen una labor que no aprecian en lo profundo. Piensa en alguien que ejecuta su emprendimiento porque necesita dinero, porque es una moda que está en auge o porque le da miedo fracasar en algo más grande. Tarde o temprano esa persona se irá enfermando porque su ambiente o actividad ejecutante no es el más idóneo para alimentarle el espíritu. No hay pasión, no hay emociones que alimenten su ser interior y fortalezcan su corazón. Es posible que en un momento dado tengas que hacer cosas que no te gusten, para invertir en algo que amas. Esto va a ocurrir y es inevitable, es parte de tu aprendizaje en esta vida terrenal. Pero lo más importante es tener claro que la energía del amor es mucho más poderosa y que cualquier actividad fuera de esto tiene que ser momentánea.

Ocurre que en algún momento de la vida vamos a ejecutar acciones o vivir situaciones que no amamos. Pero hay que ir minimizando en lo posible esos períodos no gratos por aquellos que son más amables y más apasionantes para nosotros. Esto nos da energía y fuerza para impulsarnos.

El día que descubres cuál es tu pasión y cómo actuar con amor, comienza a marcarse la historia de tu vida. Se abre un camino de grandeza en todo lo que te propones.

Si todavía no has descubierto cuál es esa misión que te impulsa, tal vez estas interrogantes puedan ayudar. A veces la pregunta correcta cambia el rumbo de toda la historia.

Tómate unos segundos para responder. Respira profundamente cuatro veces con los ojos cerrados, sonríe y siente la emoción positiva que recorre tu cuerpo. Entrégate al momento, a vivir la experiencia.

- ¿Si tuvieras muchísimo dinero, tanto como para tener todo lo que quieras, seguirías ejecutando ese emprendimiento que siempre soñaste? ¿Por qué?

_____

_____

_____

- ¿Si no tuvieras nada de dinero, llevarías a cabo ese emprendimiento? ¿Por qué?

_____

_____

_____

- ¿Por cuánto tiempo llevarías a cabo tu emprendimiento?

_____

_____

- ¿Harías ese emprendimiento sin cobrar ni un centavo? ¿Por qué?

_____

_____

_____

- ¿Harías ese emprendimiento cobrando grandes cantidades de dinero?

_____

_____

.• ¿Para qué llevarías a cabo ese emprendimiento?

_____

_____

_____

Verifica todas estas respuestas mentalmente o por escrito y observa cómo te sientes. Fíjate si existe coordinación entre lo que piensas, lo que dices y lo que haces. Tómate tu tiempo para este ejercicio. Tu misión de vida es algo que posiblemente requiera de un poco de calma. Si tu objetivo está vinculado con tu emprendimiento, entonces tendrás total alineación y conseguirás la magia para lograr lo que desees.

Misión

Cuando descubres tu misión de vida, sientes un placer excepcional. Algo grande, maravilloso. Tu misión es algo que te gusta hacer a diario y que no te genera ningún peso. Tengas o no dinero. Te motiva, te nutre. De modo que descubre tu pasión y ejecútala. Estoy seguro que a partir de ese momento todo va a empezar a fluir de la mejor manera. Para eso toma una respiración profunda y pregúntate: ¿Qué actividad me gusta, qué me satisface, qué me causa placer realizar? Sin pensar en el dinero. Ese va a llegar solo. Haz lo que amas y lo demás te acompañará a donde vayas.

Razón Extra: Genera riqueza con tu emprendimiento

¿Qué tan grande es tu sueño? ¿Qué tan grandes son tus metas?

Como emprendedores hay que asumir retos y estos tienen que ser grandes. Reto pequeño, energía pequeña, resultados pequeños. Si el reto se puede cumplir muy fácilmente y sin necesitar de manos amigas posiblemente ese sueño no sea lo suficientemente grande.

¿A cuántas personas impactará tu emprendimiento?

Principalmente el emprendimiento está ligado a personas. Si tú deseas hacer algo en lo que no se va a beneficiar nadie y solo es para ti, entonces eso se convierte en una meta particular. Todo este proceso, si desea llamarse emprendimiento debe estar ligado a personas y el indicador número uno, el eje transversal entonces es *el servicio*. Nacimos para vivir muchas cosas, pero hay dos que son muy importantes: ser felices y servir. Tu emprendimiento empezará a tomar sentido si observas con profundidad cómo hacer que se convierta en una actividad masiva, que ayude de alguna manera a la humanidad. La felicidad te va a permitir darle sentido a tu vida. No hay nada más gratificante que colaborar con otros. Siempre teniendo claro que una cosa es servir y otra ser un sirviente.

¿Hasta dónde vas a llegar?

Todas estas preguntas tienes que hacértelas para que analices qué tan grande es tu proyecto. Las actividades crecen y evolucionan, pero de igual forma las aspiraciones de cualquier emprendedor deben ser lo suficientemente grandes para llevarse a cabo. Esto te dará energía para ejecutar lo que te propongas. He escuchado personas que dicen: *"Yo me conformo con... al menos soy feliz con lo que hago"*. Esto no es un buen comienzo.

La felicidad es una decisión que toma cada persona. Puedes ser feliz con un emprendimiento grande, con uno pequeño, o con ninguno. Eso es independiente de los sueños, de las actividades que te apasionan. A muchas personas no les gusta aspirar a grandes metas porque saben de antemano que van a fracasar. Lo que no saben es que esto es parte del proceso. Y el hecho de que en un momento las cosas no salgan bien, no significa que no podamos continuar soñando y aspirando en grande, apuntando lejos. Por eso tienes que preguntarte qué mueve tu vida, la cobardía o la pasión. Mi padre siempre me decía: "Bienaventurado aquel que no aspira nada pues nunca se llevará un desengaño".

En esta carrera de motivar a personas he escuchado a gente que se siente muy feliz por su pequeño emprendimiento. Ten presente esto: tu actividad no puede ser pequeña, porque emprender significa siempre avanzar y pensar en grande, evolucionar y buscar nuevos horizontes, evitando el conformismo. Es muy distinto decir: *"Mi emprendimiento es pequeño por ahora pero mi corazón es grande y mis metas son mucho más grandes"*. Un emprendedor verdadero aspira siempre a más; luego, si no ha llegado donde en realidad desea estar, eso no le afecta pues siempre se mantiene motivado. Incluso hasta el último día de su vida continúa haciendo lo que ama y movilizando sus esfuerzos con pasión.

¿Emprender por dinero o por riqueza?

Aunque la riqueza implica dinero, estas dos expresiones no significan lo mismo. Cuando tu emprendimiento se enfoca en generar dinero, todo pierde sentido y en cualquier momento la motivación se va a desviar. Debe haber algo mucho más grande, una misión como lo dije antes, pero sobre todo, cualquier cosa que hagas debe apuntar a generar riqueza. Esto es más importante que el dinero. La riqueza es un sistema mental para producir tesoros, un modo de vivir, una forma de ver el mundo, una filosofía de vida. La riqueza es sinónimo de prosperidad y abundancia en todos los aspectos: prosperidad y abundancia en amistades, en amor, en dinero, en bienestar, en satisfacción. Riqueza en amistades, en amor, en dinero, en bienestar, en satisfacción.

Abundancia = Riqueza = Prosperidad

Muchas personas no pueden convertir el dinero en un generador de riqueza por distintas razones emocionales, y sobre todo por mitos, leyendas, mentiras piadosas y a veces hasta por exceso de lógica y ego arraigado. Tendríamos que escribir un nuevo libro para hablar de los tabúes que bloquean la prosperidad y el dinero. Por lo pronto, me conformo con que pienses en la riqueza y en el emprendimiento como algo infinito, algo sin límites.

Por esa razón, siempre hay que pensar en grande. El hecho de que te conviertas en una persona rica no significa que estás quitándole la riqueza a alguien, no funciona así. Tampoco si eres más pobre, el mundo tendrá más oportunidades porque estás cediendo las tuyas. Pensar de esta manera es tener una mentalidad muy limitada.

Tristemente he escuchado personas que dicen que no todo el mundo tiene que emprender porque deben existir médicos, abogados, ingenieros, educadores, barrenderos, mecánicos, deportistas, etcétera. Pensar de esta forma es pensar con límites. Yo por ejemplo he pintado un montón de casas, he barrido gran cantidad de calles y he dado clases durante varios años en escuelas y universidades y hoy emprendo como escritor. El universo es infinito, hay de todo en la vida. Si te quieres quedar en tu sitio de trabajo solo por pensar que el mundo necesita barrenderos y además de eso estás haciendo la actividad que amas, perfecto. Pero comprende que desde allí también puedes emprender y pensar con creatividad, viendo la manera de barrer las calles de forma más práctica y eficaz.

¿Cómo sabes que tu emprendimiento es grande?

Por la cantidad de personas que se benefician de tu proyecto, de tu plan. Piensa cuántos aliados o clientes te pueden apoyar a crecer. Si la respuesta es mil o más entonces vas por buen camino. Si no se acerca a esa cantidad, es muy pequeño. Es buen comienzo pero próximamente hay que replantearlo.

Hay una poderosa forma de hacer que tu emprendimiento sea masivo, que crezca de una mejor manera y que te mantenga evolucionando y creciendo en lo personal, profesional y sobre todo en lo financiero.

Esto mientras también ayudas a otros a que sientan lo que tú sientes, vean lo que tú ves y oigan lo que tú oyes.

Es un método extraordinario que es el presente y el futuro de los emprendedores. De hecho la inversión de tiempo y dinero es poca comparada con la de un trabajo estable donde tienes que cumplir horario y donde el sueldo es bajo. Y que va a ir tomando mucho más auge porque los empleos fijos están desapareciendo.

Esta nueva forma de emprender ha sido rechazada por muchas personas, incluso hay gente que ha hablado mal y desprestigiado este trabajo tan enriquecedor para la humanidad. Sobre todo porque no lo conocen a fondo o han practicado mal esta metodología. Es un sistema que te acompaña con efectividad en tu crecimiento financiero, personal y profesional, denominado *mercadeo en red*.

El mercadeo en red o *marketing* multinivel es una poderosa herramienta de crecimiento exponencial en todos los aspectos. Y puede ser un gran acompañante en la actividad que desees comenzar. Si deseas que tu emprendimiento sea algo grande en realidad y que crezca de manera estable y con fortaleza, entonces esta estrategia será de gran ayuda.

Varias de las ventajas al compararlas con un sistema de empleo o emprendimiento tradicional son:

CRECIMIENTO PERSONAL: En lo espiritual y personal te fortalece porque te permite estar conectado a personas grandiosas que desean que tú crezcas. Contrario a las empresas tradicionales, donde muchas veces los compañeros y jefes no se llevan bien, porque no les conviene que tú crezcas. Piensan que les puedes quitar el puesto. También en lo profesional te ayuda, ya que te permite estar en constante formación y capacitando a otros.

CRECIMIENTO FINANCIERO: en el mercadeo en red tienes muchas posibilidades de lograr tu libertad financiera porque mientras a corto plazo generas ingresos, a largo plazo creas riqueza, activos reales. La inversión es muy pequeña tanto en tiempo como en dinero porque puedes conservar tu trabajo o tu emprendimiento original, mientras produces ingresos inmediatos que apoyen la actividad principal que estás llevando a cabo. Lo único que tienes que hacer es crear una poderosa red de personas que apalanque tu idea y trabajar en ella, conectándote, apoyando, instruyendo, educando y aprendiendo.

DEPENDE DE TI: en las compañías de mercadeo en red te formas de manera continua y permanente. Mientras que en las empresas tradicionales y clásicas con suerte te formas dos veces al año y difícilmente estas capacitaciones estén vinculadas con el crecimiento personal o financiero. Más bien tiene que ver con algo técnico específico para que le produzcas dinero a la propia organización. En los sistemas de multinivel sucede todo lo contrario porque mientras mejor persona seas, mejor liderazgo tendrás y mejor será para ti y para la empresa. Al ser un gran líder, más crecerá tu red y todos se beneficiarán. En pocas palabras: tu crecimiento depende de ti, de tu trabajo y de nadie más.

Hoy en día, en esta nueva economía donde muchos se han quedado obsoletos y cobijándose bajo la queja y la culpa, otros han optado por el mercadeo en red. Por eso si deseas tener éxito, ya sea para aprender o para apoyar tu pasión, unirte a alguna red es altamente beneficioso. O de igual manera, crear tú mismo un sistema a través de la actividad que desees emprender. Si tienes la disposición y dinero para invertir también puedes lograrlo.

ÚNETE A UNA RED O CRÉALA TÚ MISMO: es conveniente hacerlo porque para construir tu red primero tienes que pertenecer a una. Aprender cómo se logra. Observar a tus líderes y mirar la forma como lo hacen. Escuchar los audios, leer información referente al tema. Y luego que aprendas cómo funciona, entonces puedes ir construyendo la tuya. Sin dogmas ni paradigmas. Si observas que hay un sitio donde te colocan restricciones, te dicen así no se hace, eso no se puede, entonces ese no es el área para construir tu propio sistema. Si contrario a eso te retan a ser mejor cada día, a lograr tus metas, y sobre todo si te permiten generar ingresos sin límite, entonces estás en el lugar correcto. Es totalmente falso que no puedas pertenecer a dos sistemas de mercadeo en red al mismo tiempo. Eso es una vieja creencia que está quedando obsoleta y donde el ego nubla la vista de los líderes. En especial de los fanáticos que no pueden ver que la libertad es algo natural dentro de este proceso. La creatividad es ilimitada.

En uno de los cursos que dicto personalmente, siempre le pregunto a las personas: "¿Qué pasaría si no existiera el dinero, ni físico, ni digital?, ¿Cómo funcionaría el mundo?, ¿Qué mecanismo utilizaríamos?" Recibimos muchas respuestas, como por ejemplo: un banco de favores, un banco que midiera las conexiones, la influencia lo fuera todo, la persuasión jugaría un papel primario, llegaríamos al intercambio o al trueque. En fin, muchas soluciones que lo que hacen es darle fuerza a la red. Todo radica allí. Nuestro cuerpo funciona con redes y la cantidad de conexiones que tiene nuestro cerebro lo revelan. Mientras más vínculos podamos utilizar mejor funciona nuestra vida. Pero si solo nos quedamos pensando igual, las uniones serán menores y su funcionamiento no será óptimo.

Lo mismo ocurre en la vida real, el dinero es solo un símbolo de la cantidad de intercambios que ejecutamos como humanos, de la cantidad de conexiones e influencias que podemos tener en las personas. En pocas palabras, las redes son un verdadero ejemplo de *liderazgo*.

Ese es el detalle de este método en particular, que para poder mantenerlo se requiere de un liderazgo genuino. Para nada te funcionará engañar a la gente, eso no es posible mantenerlo en el tiempo. Por esa razón aunque las ventas, la comercialización y la recomendación de productos y servicios son una parte importante, tiene mucho más peso la manera en que diriges tu negocio. Mucha gente piensa que está en una red para convertirse en vendedor. Pero no es así. Usted está en una red para convertirse en líder.

Esto fue algo que me enamoró del mercadeo en red, el liderazgo. Una vez tuve una larga conversación con un amigo especialista en redes sociales. Me decía como había conocido y compartido con muchas personas que se manejan muy bien por las redes sociales e incluso son *Youtobers* conocidos que tienen gran influencia en las personas. Pero ese liderazgo es solo a través de las redes, para nada en la vida real son lo que aparentan. Yo le comenté que lo mismo ocurre con gente que tiene un marcado liderazgo e influencia en las personas a través de la radio, televisión, incluso conferencistas famosos, empresarios y gerentes que por su cargo y por su rango dentro de la empresa, marcan un liderazgo influyente en las personas. En la política ocurre, en la religión también. Personas que tienen poder sobre la gente pero no por el liderazgo sino por la fama o los cargos.

¿Existen líderes genuinos en estos espacios? Estoy seguro que sí. Lo que deseo enfatizar es que en el mercadeo en red funciona diferente.

En el *marketing* multinivel nada de lo anterior sirve. Para que puedas liderar a las personas tienes que demostrarlo día a día, con cada acción y dando el ejemplo. No funcionan las apariencias ni lo ficticio que bien puede verse en los ejemplos anteriores. Por eso es que el liderazgo que se presenta aquí requiere verdadero trabajo moral y espiritual. Siempre acompañado por palabras de motivación pero sobre todo por acciones reales, dando el ejemplo.

Mayormente, la forma como manejas tu emprendimiento es la forma como manejas tu vida. Si piensas en pequeño, en lo inmediato, de forma individual, y en que otra entidad, empresa o gobierno se encargue de mantener tus finanzas, entonces este sistema no es para ti. Si piensas que todo tienes que hacerlo tú mismo, que tienes que tener el control total de todo lo que ocurre y saber con minuciosidad todas las funciones que hacen los demás, seguramente no estás trabajando en redes de mercado. Y tampoco estás llevando a cabo un emprendimiento en grande.

Ahora, si piensas que en tus actividades puedes delegar y enseñar a otros a hacer lo que tú. Si tienes disposición a fallar y arriesgar, a trabajar en equipo y a obtener resultados construyendo riqueza en vez de exclusivamente dinero. Si puedes aceptar que eres el principal responsable de tus finanzas, y que ser un líder tiene que ver con acompañar, verbalizar soluciones y alentar en todo momento, entonces las redes de mercadeo son el mejor camino.

Hay un poder oculto dentro de estas redes que nadie puede explicar, porque depende de la creatividad de cada persona. Estas se convierten en un potencial incalculable que no se puede medir. Debo confesar que yo era una de esas personas que malinterpretaba este trabajo. Después de un tiempo de escucharlo por todas partes y de observar la evolución de personas cercanas, decidí dar un paso de humildad para conocer a fondo el *marketing* multinivel de forma objetiva. Me di cuenta que había dentro del sistema muchas personas que lo practicaban mal, ocasionando que los nuevos huyeran. Pero de igual forma decidí quedarme para observar y las posibilidades que encontré fueron infinitas, en todos los aspectos.

Actualmente tengo una red de mercadeo como emprendimiento y a medida que construyo mi sistema me doy cuenta que todo lo que había planeado se queda corto con lo que estoy viviendo. Tenía unas proyecciones y los resultados son completamente distintos. Este método tiene esa particularidad, nadie te podrá explicar mejor el sistema que tú mismo, viviéndolo al máximo.

"Amo el mercadeo en red porque amo a la gente. Amo liderar y que me sigan solo si estoy demostrando con acciones y no exclusivamente con palabras. El *marketing* multinivel está interesado en las personas, lo demás viene con fluidez cuando solo nos concentramos en la calidad humana".

Comentarios del Lector

*Todo emprendedor debe ser un **dador** por excelencia. Solo entregando en abundancia, podrás recibir. El **Network Marketing** es una herramienta que permite a cualquier emprendedor, conocer y obtener los recursos necesarios para alcanzar la riqueza, en todo su contexto, con la premisa de dar.*

*En mi profesión como médico, estos principios anteriormente descritos se encuentran presentes. He logrado identificarme con el **Network Marketing**, ya que tienen en común el beneficiar y ayudar a las demás personas, el constante enriquecimiento de* *nuestros conocimientos, para así transmitirlos a los demás. Y sobre todo, en que tu crecimiento y éxito van de la mano del crecimiento de todo lo que te rodea. Somos factores de influencia positiva, tocamos vidas, más allá de lo perceptible.*

DRA. CRISTINA DI GIROLAMO
Médico Internista-Gastroenterólogo
Networker - @cristina_digirolamo

Segunda parte:

5 lecciones

El inicio de un viaje

*E*mprender significa apropiarse, dar el paso, decidirse a iniciar un viaje, un propósito, un objetivo o meta que sea poco probable de lograr. Que parezca imposible, pero que aun así alguien se atreva a realizarla.

Lo que representa para las personas de hoy un reto importante es emprender en lo que aman y que a la vez esto les genere satisfacción, felicidad y éxito financiero. Muchas veces no es tan fácil ejecutar lo que nos gusta y que al mismo tiempo podamos generar ingresos en cantidad como para no tener que preocuparnos por las deudas, la comida, el alquiler y otros gastos mensuales propios de la cotidianidad.

De modo que la persona verdaderamente valiente es la que se atreve a generar ingresos ejecutando lo que le produce gran satisfacción, y sobre todo lo que siente en lo más profundo de su ser.

Parece una utopía pero es cierto y solo un porcentaje muy pequeño de la población mundial se permite este privilegio. Porcentaje que según mi visión va aumentando poco a poco en vista de que cada vez más personas se están uniendo a experimentar esta forma de vida plena.

Posiblemente emprender en lo que amas represente un esfuerzo en muchos casos. Pero es un esfuerzo que si ejecutas con todo el amor del mundo puede generar grandes resultados.

Nuestro mundo, nuestra nación necesita de emprendedores que logren sus sueños para de esta manera tener personas más satisfechas, felices y libres financieramente.

Ahora bien, está comprobado que lo que mueve al ser humano son las emociones. Incluso el significado etimológico nos da una clara orientación. Emoción viene del latín *emot-o*, que significa *movimiento o impulso*, aquello que te mueve hacia algo. Y muchas veces las emociones se encuentran de forma inconsciente en nuestra mente y en vez de movernos hacia objetivos productivos, nos mueven hacia cosas que no deseamos. Luego nos preguntamos por qué actuamos de una forma u otra. Incluso, paradójicamente puede ocurrir que las emociones nos paralicen a no hacer nada.

Si no le prestas atención a tus sentimientos, a tu aspecto interior, al crecimiento personal y espiritual, difícilmente puedas tener un resultado integral y óptimo dentro de tu emprendimiento.

Incluso situaciones pasadas que han quedado grabadas de forma inconsciente en tu mente, creando patrones de conducta que se repiten una y otra vez, pueden impedir que tengas éxito. Lo que ocurre es que por nuestra crianza y por presiones sociales mayormente hacemos lo que se *debe* hacer y no lo que *queremos* hacer.

Quizás por algunos errores que cometen nuestros padres a la hora de educarnos, al igual que lo hacen la escuela y algunos maestros. Posiblemente porque cuando nacemos, no venimos con un manual que explique la forma exacta de criarnos para ser mejores personas, felices y satisfechas.

Es entonces cuando se crea una discordia entre lo que piensas, lo que dices, lo que haces y lo que sientes. Y debo decir que el sentir es un elemento muy poderoso, porque en muchas ocasiones esto mueve e impulsa tus acciones. Cuando no hacemos lo que amamos, nuestro espíritu se va marchitando.

> *"Pienso luego existo"*.
> **RENÉ DESCARTES**
>
> ---
>
> *"**Siento** luego existo"*.
> **ÁNGEL GÁMEZ**

Puede que ni te acuerdes de tu infancia y que ese proceso haya estado lleno de situaciones adversas. De situaciones con tus padres que han podido marcar tu vida de alguna forma.

Por ejemplo, yo tuve una niñez difícil. Mi madre fue una mujer fuerte de carácter que me daba mucho amor, pero a la vez también me daba bastante disciplina. Eso en cierto modo fue forjando mi carácter actual.

Pero en la actualidad todo es muy distinto. Los chicos de ahora que se portan mal, no hacen caso a sus padres y son rebeldes sin causa, entonces tienen un psicólogo, psiquiatra, psicoterapeuta, terapista del lenguaje, manicurista, masajista, el que le fuma el tabaco, el que le lanza los caracoles, el que le lee las cartas… ¿A dónde vamos a llegar?

Mi mamá por el contrario me alineaba los chakras, me limpiaba el aura y me hacía psicoterapia con un solo chancletazo (¡wapaz!). Y yo ¡derechito! me quitaba todos los males.

Había dos momentos de la infancia que recuerdo claramente me aceleraban el corazón: cuando venía mi novia y cuando mi mamá tenía la chancleta en la mano.

Incluso existían situaciones en donde la cosa era un poco confusa y contradictoria. Sobre todo cuando mi mamá me reprendía y me decía:

—Dime, ¿por qué te portaste mal?

Y cuando intentaba responder me gritaba:

—¡CÁLLESE!

Entonces me volvía a preguntar:

—¿Ah, no me vas a decir por qué te portaste mal?

Y yo volvía a intentar responder y me volvía a gritar:

—¡CÁLLESE!

Era una cuestión totalmente contradictoria.

Parece mentira pero en ese momento de mi niñez-adolescencia tenía una sensación mezclada entre miedo y respeto por mi madre. En especial cuando me llamaba por mi nombre completo para realizar alguna labor: *"Ángel Javier, anda a fregar los corotos"*. Este miedo se debía a que después de un llamado por el nombre completo lo que se venía, seguro, era un chancletazo (¡wapaz!).

Y no quiero contarte lo que me ocurrió en la escuela. Puede parecer exagerado o raro pero sí ocurrió algo muy similar.

Hay profesores muy buenos que te marcan, pero también hay profesores que no lo son tanto y que dejan una huella importante. Luego puedes tomar la situación para bien y evolucionar o para mal y justificarte.

Recuerdo que en primer grado la maestra mandó a todos los estudiantes a colorear a la familia y dijo:

"Saquen el color carne". Yo veo que todos mis compañeritos sacaron un color como rosadito y pensé: *"Están equivocados, ese no es el color carne".* Entonces de manera imponente saqué el color marrón oscuro. Y ella me dijo que estaba loco. Que ese no era el color carne. En ese momento no supe cómo explicarle porque no tenía los argumentos verbales por mi edad. Pero estaba seguro de que ese era mi color de piel, porque soy moreno oscuro y era el que más se parecía. Entonces pensó que me estaba burlando y me mandó para la Dirección.

Mandaron a buscar a mi mamá. Y cuando llegó a la escuela un poco enfurecida y acelerada estaba yo sentado en la Dirección y ella preguntó:

—¿Qué es lo que pasó con el muchacho?

La maestra dijo: —Lo que ocurrió fue que...—

—¡JÓDALO!, ¡JÓ-DA-LO! MAESTRA —le interrumpió mi mamá—. Si se porta mal jódalo.

Yo decía dentro de mí: "En vez de ponerse de mi parte, se puso a favor de la maestra".

Hoy en día ocurre lo contrario en la escuela. Tenga razón la maestra o no, la madre se pone del lado de su hijo. Porque así son estos tiempos. Ahora la mamá se junta con el niño para joder a la maestra. O la maestra se junta con el niño para joder a la mamá, por supuesto con los muy populares artículos de la

LOPNA (Ley Orgánica para la Protección del Niño y del Adolescente).

Por eso es que digo lo de la infancia difícil que tuvimos muchos, comparado con lo que viven los niños en estos tiempos. No estoy diciendo con esto que ahora a los muchachos hay que maltratarlos o reprenderlos continuamente. Cada quien cría a sus hijos como quiere o mejor dicho, como puede, de acuerdo a sus propias experiencias de vida.

Lo que sí tienen que tener claro los padres es que en el amor es necesario incluir la disciplina. Si no, todo se vuelve un caos. Yo nací en un barrio muy pobre y peligroso de Ciudad Bolívar, donde casi todos mis compañeritos de clase o están presos o han pasado de plano por su mala conducta. Y lo que me queda en la mente y en el corazón después de darme cuenta cómo ha sido encaminada mi vida, es lo agradecido que debo estar con mi madre por la forma de crianza.

Hoy toma sentido la forma de ser de mi mamá. Que por cierto también me dio mucho, pero mucho amor. Tengo que reconocer todo, su carácter, todas las situaciones que viví con ella pues han hecho de mí lo que soy hoy. Me considero un hombre de bien, con buenos modales, principios y valores bien establecidos gracias a su crianza. Si no hubiese sido de esa forma a lo mejor estuviera compartiendo un cuarto enrejado con algunos de mis excompañeros de clase.

O estuviera en el cementerio, en una caja de madera. Por eso entiendo que todas esas situaciones tienen una razón de ser. Así como todas las situaciones que tú has vivido tienen un porqué en la tuya.

Esos errores pueden marcarte para que tus experiencias sean un caos o puedan impulsarte para lograr tus metas. Para ello tienes que estar despierto y saber cómo afrontar todas tus vivencias. Sea lo que sea que te haya ocurrido, eso te tiene aquí, eso ha tallado tu personalidad y demuestra la persona que eres hoy. Actualmente he logrado para mí lo que en un momento parecía imposible, lo que una vez se mostraba inalcanzable y por eso quiero compartir contigo una serie de lecciones de las cuales *me di cuenta,* aprendí, y corregí para poder obtener los buenos resultados que estoy disfrutando en este momento.

Estas lecciones no son pasos a seguir, tampoco son procedimientos exactos, más bien son aprendizajes de vida, donde la emoción y la espiritualidad juegan el papel central dentro de este proceso que me ha tocado vivir.

Por eso me gustaría que las aplicaras e hicieras transferencia de conocimiento con este relato, en especial para iniciar tu propio emprendimiento, cualquiera que este sea. Estas lecciones son aplicables a cualquier contexto. Solo hace falta un poco de mente flexible, y listo. Entonces, ¡Empecemos!

1
Agradece

$\mathcal{A}$gradecer te permite reconciliarte con cualquier pasado o situación engorrosa anterior, para abrir las puertas del presente y del futuro. Difícilmente se pueda emprender algo y tener éxito, satisfacción y felicidad si no estás en paz con tu entorno y con tu pasado, ya sea de manera consciente o inconsciente. La energía del agradecimiento es una vibración muy poderosa que abre caminos, libera tensiones permitiéndonos perdonar, conciliar o al menos eliminar los rencores. Cuando agradecemos liberamos. Nos permitimos fluir, movilizar, avanzar.

De niño viví situaciones adversas que pudieron marcarme, pero decidí tomarlas como un motor de impulso. Como una motivación extra. No puedo negar que tuve muchos buenos momentos. Pero también momentos que marcaron mi historia, al igual que le ocurre a la mayoría de los seres humanos.

No vamos a entrar en discusión sobre las diferentes circunstancias que hemos podido vivir, pues para una persona a la que algo le puede parecer caótico, a otra le puede parecer algo muy sencillo de resolver. Lo que quiero dejar claro es que los problemas y las complicaciones, sean las que sean, pueden servirnos para motivarnos, para crear fortaleza en nuestra personalidad, o pueden servir como excusas para victimizarnos.

Cuando empecé a emprender mi sueño de escribir libros sentía una camisa de fuerza, una energía inconsciente que me limitaba. Vivía en una contienda, una guerra con todo, en rebeldía, realizaba esfuerzos agotadores e innecesarios, y esto se repetía constantemente y en diversos escenarios. Hasta que de un momento a otro, reflexionando y leyendo al respecto, consultando con personas, realizando talleres y cursos, *me di cuenta*. Desperté mi conciencia y observé que lo que me hacía falta para prosperar era reconciliarme con mi pasado, perdonar y aceptar todo lo que me ha ocurrido. Y sobre todo perdonarme a mí mismo. Y fue entonces cuando comprendí que el *agradecimiento* es una poderosa energía vibratoria que abre caminos.

De allí en adelante algo se transformó en mí y me empecé a sentir mejor, como si me hubiese quitado un peso de encima.

> *Cuando hay agradecimiento las bendiciones van en aumento.*

Hay que agradecer todo: la comida, la bebida, lo que nos ocurre, sea en un momento adverso o beneficioso. Las amistades, los reveses y las victorias, pero sobre todas las cosas tenemos que agradecerle a nuestros padres. Ya sea que hayamos tenido una excelente relación o una muy mala, si nos abandonaron o estuvieron con nosotros en todas las situaciones; si están en este plano terrenal o trascendieron a otro plano; en fin, sea lo que sea hay que honrarlos y agradecerles *la vida*. Por ellos estamos aquí, sintiendo esta experiencia llena de momentos que nos hace demostrar que estamos vivos.

Vamos a tomarnos entonces treinta segundos para agradecer y honrar a nuestros padres. Respira profundo catorce veces, inspirando por la nariz y expirando por la boca, manteniendo los ojos cerrados y estando de pie, preferiblemente. Mientras lo haces piensa en tu niñez, las situaciones felices, las complicadas. Observa cómo todo va cobrando sentido. Si no estuvieron contigo. Si no fue buena tu relación. Vas dándote cuenta cómo esa realidad hoy puede funcionarte para reconciliar y fortalecer tu personalidad. También observa los momentos positivos que te generaron satisfacción y gozo. Haz énfasis en esto último. Visualiza lo positivo, lo que te hizo y te hace feliz de tu niñez. Ahora agradece pensando en tus padres. Después de las respiraciones repite tres veces susurrando: *"¡Yo te agradezco la vida!"*.

Comentarios del Lector

El agradecer a diario solo por darnos cuenta que respiramos y que podemos apreciar la vida desde cualquier sentido de nuestro cuerpo físico, nos brinda la oportunidad de ser generadores de espacios de transformación y paz. Este estado nos ayuda a apreciar los días por venir, uno a la vez, y más aún avanzar por el sendero que desees de acuerdo con tu vibración.

LISAURA CRESPO
Coach, conferencista y docente universitaria
@lisacrespo4

2
Conquista

*L*uego que te has reconciliado con tu pasado empiezas a construir sobre bases más fuertes tu emprendimiento. Sin embargo te consigues con el presente, con la cotidianidad, con todas las labores diarias que tienes, los compromisos que has adquirido en lo académico, en el trabajo, y sobre todo en la familia.

A mí particularmente, estas responsabilidades familiares casi no me dejan tiempo para escribir. Algunos días se me hace un caos tener que dedicarle tiempo a mi esposa y a mis hijos, sin poder enfocarme en lo que quiero emprender y a una de las actividades que más amo.

A veces me pregunto: "Bueno, ¿cuándo voy a escribir?".

En el tiempo libre tengo que llevar a los niños a la escuela, buscarlos, llevarlos al fútbol, volver a buscarlos, llevar a mi esposa, traerla. Parezco el propio taxista.

La cosa se pone cada vez más difícil. Apartamento pequeño, los dos trabajamos, hay que ayudar en los quehaceres. Y mi esposa parece que sabe el momento justo cuándo molestarme.

Muchas veces estoy en la casa, con las ideas claras para escribir y en un momento de inspiración. Ya tengo la mente serena, mi silla está perfectamente acolchada, la computadora lista, con buena velocidad de internet, y una rica taza de café, pero cuando estoy a punto de escribir escucho un grito: *"¡Ángel Javier anda a fregar los corotos!"*.

Eso causa en mí como un cortocircuito mental, un *deja vú*. Pienso confundido: "Bueno, ¿esta es mi esposa o es mi mamá? ¿Qué está pasando?". Hasta que vuelvo en mí y poniéndome serio respondo con un grito y una voz muy varonil:

—¡Mira, te voy a decir una cosa! ¡YO SOY UN ARTISTA, NO JODA, Y ESTOY INSPIRADO ESCRIBIENDO!

Claro, todo eso lo digo mentalmente.

Me levanto, me acerco a la cocina y está mi esposa mirándome fijamente, muy seria.

Yo la observo, miro el fregadero y veo una montaña de corotos (parece que se multiplicaran cuando están sucios). La observo a ella, vuelvo a mirar los platos y le digo:

—¡Mira! ¿tú sabes cómo es la vaina?, esto no se le hace a un escritor. ¿Tú has visto a Pablo Coelho fregando corotos?—.

Y ella me dice:

—¿Y tú sabes cómo es la vaina, ¡aquí en esta casa los escritores friegan, no joda!

Me pongo a analizar la cuestión y no sé si soy yo o esto le pasa a otras personas. Pero parece que mi esposa no me puede ver tranquilo. A veces me voy a sentar en el sillón y justo cuando me voy a sentar escucho: "Ángel, anda a comprar pan".

Otras veces estoy a punto de acostarme a ver televisión y cuando agarro el control me dice: "Ángel, ayúdame a tender la ropa".

No me puede ver tranquilo.

Uno no puede sentarse a reflexionar sobre nuevas ideas. Uno no puede estar dos, tres, cuatro, cinco o seis días acostadito descansando porque lo molestan.

Así no se puede.

Bueno, a todas estas yo sigo parado frente al fregadero. Y no me queda más remedio que fregar. Pero mientras me acerco, pienso y me pregunto: "¿Qué me mantiene al lado de mi esposa?", y hago una evaluación mental. Pienso en los defectos y virtudes. Hago una lista. Observo que tiene varios. Y consulto la lista de las virtudes. Las cosas buenas de mi esposa. Y las enumero:

Bueno, tiene una…

Bueno, también tiene….

Bueno…

Bueno sí, una sola que vale por todas: ME SOPORTA.

Me soporta y me ama. Y yo también la amo.

Con esa basta y no hace falta mencionar las demás.

Así que mientras estaba fregando me puse a pensar y llegué a una profunda reflexión con respecto a lo que me había dicho mi esposa: "*Antes los escritores eran tipos eruditos, intelectuales, con estudios avanzados y académicamente elevados. Hoy los escritores somos amos de casa*".

Y es una gran verdad, las personas que hoy tienen éxito, como lo dije antes, son personas comunes. Todas, por inalcanzables que parezcan, por ricas que sean o por muy numerosos y lujosos que sean sus bienes materiales, son personas de carne y hueso. Como tú y como yo. Personas con situaciones que resolver en todos los aspectos. ¿Y por qué no?, son amos y amas de casa.

La verdad es que pasé por muchas situaciones adversas con mi familia ya que no comprendían en cierto modo lo importante que era para mí escribir. Al mismo tiempo, mi esposa no veía como algo sustentable vivir de los ingresos que pudiera producir escribir libros. Yo quería renunciar a mi empleo para irme de lleno con esta profesión, sin embargo ella no lo comprendía.

Me veía por largo rato en la computadora y pensaba que no estaba produciendo y que pasaba mucho tiempo allí, dedicando poco a lo familiar, a las tareas del hogar. Para mí todas estas cosas eran insignificantes porque pensaba que había un poderoso mensaje que quería enviar a las personas a través de los escritos que estaba realizando. Cuando me tocaba fregar o ayudar en los deberes, me sentía como si Henry Ford estuviera a punto de inventar el automóvil pero justo en ese momento era interrumpido para barrer su casa. Una tarea insignificante para un genio con algo grande por descubrir.

Por un tiempo no fue fácil todo ese escenario, acompañado de grandes problemas familiares.

Hasta que comprendí esta segunda lección: *Conquista*. Entendí que en el momento que empezara a *conquistar* mi entorno inmediato, todo lo demás iría mejor, empezaría a fluir.

Me di cuenta que una tarea tan pequeña y que parecía insignificante como fregar, se convertía en una gran conquista que me ayudaría como escritor. Tú te preguntarás cómo. Resulta que entendí que los grandes escritores son personas comunes y corrientes que en un tiempo fregaron o friegan, barren y hacen labores del hogar. Que las verdaderas personas de éxito en cualquier ámbito saben conquistar a su familia y dedicar bastante tiempo a sus hijos. Los incorporan en sus éxitos profesionales.

> *Todo lo grande empieza pequeño y con trabajo se expande.*

Actualmente sabemos que las empresas familiares van cada día tomando más auge. Por lo tanto entendí que hijos contentos, esposa contenta y por supuesto emprendimiento y sueños contentos.

Como emprendedores muchas veces queremos realizar grandes cosas, pero se nos olvidan los detalles. Piensa en grande. Conquista la Luna pero acuérdate de conquistar el corazón de los que van a construir el cohete.

Los verdaderos líderes saben que el emprendimiento real inicia en casa con los hijos, la pareja y el resto de familiares y amigos. Si no podemos emprender en ese entorno, si no podemos conquistar ese ambiente inmediato, menos podremos conquistar otro contexto con sabiduría, asertividad y humildad. Posiblemente tengamos algunos resultados, pero no serán integrales desde el punto de vista emocional.

Y ya sabemos lo que las emociones representan para el humano.

Descubrí con esta lección que mis objetivos deben incluir de ahora en adelante a mi familia y a mis amigos más cercanos. Me siento mejor y tengo más energía para escribir, la mente más clara y más fortaleza mental y emocional para afrontar cualquier reto que me proponga.

Todo lo grande empieza pequeño y con trabajo se expande. Conquista a tu familia. CONQUISTA TODO.

Toca

Te voy a dar una fórmula mágica para comunicarte con las personas. Cuando haya una situación que deseas mejorar a nivel comunicativo: *toca, toca, toca* su corazón. Hazlo, así se resista. Hazlo. Honestamente y de forma pura. Y si continúa la resistencia entonces dobla la dosis de amor y sigue acercándote. Si deseas convertirte en un líder que influye y conquista, *toca, toca, toca.*

3
Sé inteligente

*D*espués que pude culminar el manuscrito de mi primer libro me fui a varias editoriales a buscar la manera de publicarlo. Recuerdo que estuve en varias compañías, y la mayoría de las respuestas que recibí no fueron nada alentadoras.

Yo estaba muy emocionado porque soñaba con publicar mi obra y quizás pequé de inocente. La confianza y la perseverancia son muy importantes. Pero hay un límite en todo esto, o mejor dicho un equilibrio que hay que tener para saber cuándo te estás consumiendo en algo que no vale la pena y cambiar el rumbo. No de tus objetivos, sino de la forma de llevarlos a cabo.

Me pasó cuando visité a una de las primeras editoriales y la experiencia no fue satisfactoria.

Al llegar al lugar, toqué la puerta.

—Pase adelante —me responden.

—Buenos días, yo soy el autor Ángel Gámez y me gustaría publicar un libro con ustedes. Traje el manuscrito.

—¿Usted es el autor? –me preguntan con tono arrogante y burlesco–. Déjelo en el escritorio, nosotros le llamamos.

Luego fui a otros lugares y obtuve la misma respuesta.

Hasta que un amigo me dijo:

—*No puedes ir tú mismo porque pierdes credibilidad. Busca a un manager, alguien que te represente. De esta manera crearás la expectativa de que el autor es alguien mucho más importante.*

Inmediatamente pensé: "Bueno, ¿y éste qué se cree, no tengo dinero ni para comer y voy a estar contratando a un manager?". Entonces me las ingenié. Agarré un traje, una corbata y me fui a la siguiente editorial. Les dije que yo era el representante del autor Ángel Gámez y que él era una persona muy importante que quería publicar su libro, pero que estaba muy ocupado en diferentes compromisos.

Entonces me responden:

—¿Usted es el manager? –con tono arrogante y burlesco–. Déjelo por el escritorio, nosotros le llamamos.

Esa tarde, después de un mes completo visitando lugares y recibiendo negativas, tenía el ánimo muy bajo y estaba muy triste. Además tenía mucha hambre, el estómago casi me hablaba y no tenía dinero en el bolsillo.

Pasé por una conocida franquicia que vendía pollo frito y el olor penetraba por mi nariz (parece que le echan algo especial a ese pollo para que la gente quede hipnotizada con el olor y vaya a comprar), pero yo no tenía dinero.

Entonces hice lo que todo el mundo hace cuando no tiene dinero y pasa por estos lugares donde el olor los invade. Giré mi cabeza a un lado. Bajé un poco el tronco y empecé: una súper inspiración profunda... retengo el aire unos segundos... y trago... y pienso... huele a pollo... se siente como pollo... sabe a pollo... ¡Pero es moco!

Por una extraña razón, esa situación tan engorrosa fue la que me dio la fuerza para salir adelante.

Cuando pude consultar a fondo por qué razón no me habían llamado, me enteré que como era un autor novato no les era rentable imprimir y publicar un libro de alguien como yo. Recuerdo que salí de aquella reunión cabizbajo y desconsolado, pues mis objetivos se veían disminuidos. Mi estado emocional había tocado fondo ya que tenía muchas expectativas sobre la publicación. Creía fuertemente en mi material, pero no tenía apoyo. *¡Comí moco!* De hecho conversé con mucha gente e insistí en que el manuscrito iba a ser de gran provecho para muchas personas, sin tener alguna respuesta agradable.

Pero ese *tocar fondo* que experimenté y ese estado de profunda tristeza me llevaron a comprender y razonar la tercera lección: *Sé inteligente*. Observé cómo me estaba consumiendo por la falta de apoyo a mi proyecto. Y entonces desperté. Si alguien no quiere colaborar con tu emprendimiento, pues no le insistas, no gastes energías en él. Empieza a juntarte con la gente que sí te apoya, que suma, que aporta. Y si no, entonces dale paso. Hay que ser inteligente y no insistir en tropezar con la misma piedra.

> **El que no sume te consume**

Inteligencia es la capacidad de comprender, y en este caso de saber quiénes son las personas que van a añadir algo importante a tu proyecto. Pero además, también es reconocer cuando no sabes algo y te toca investigar. Decir "no sé" es una frase muy sabia; y saber a quién solicitar ayuda es un acto de suma inteligencia.

Pasé un buen tiempo investigando y solicitando ayuda sobre cómo se hacen los registros de los libros. Conocí cómo era la publicación, distribución, comercialización y promoción, y hoy en día tengo mi propia editorial y apoyo a otros escritores nóveles que se inician en esta carrera.

Se dice fácil, pero fue un largo proceso. Aunque debo decirte que en realidad no fue algo tan complicado pues disfruté el camino de convertirme también en editor.

Si pasó un largo período, sin embargo me armé de paciencia y poco a poco completé algo que no era viable desde el punto de vista de la razón, pero desde el corazón, siempre tuvo para mí toda la lógica. A veces los emprendimientos no tienen sentido, pero de igual manera funcionan. No había nada que señalara que yo pudiera tener mi propia editorial y pudiera distribuir libros a escala nacional e internacional. No había nada. Solo mis ganas y mi constancia diaria.

Sin embargo, siempre me mantuve firme, pensando en el objetivo. Y luego las diferentes formas de conseguirlo fueron llegando solas. Lo mejor de todo es que todavía sigo creando nuevas maneras de ayudar a otros y de difundir mi mensaje.

Foco

Enfócate en las cosas que son importantes para ti. Enfócate en la *satisfacción,* lo que te llene de felicidad y alegría. Enfócate en lo que te hace *libre,* te hace independiente, y enfócate en lo que te produzca *bienestar financiero,* solidez, riqueza. Inclusive céntrate en las tres a la vez, porque sí se puede. Y a eso dedícale el más importante de los recursos que puedes tener: tiempo. Cuidado con las distracciones. No te desvíes. *Enfócate.*

4
Corrígete

Cuando finalicé de escribir mi primer libro se lo di a los correctores para la respectiva revisión y éstos al devolvérmelo me señalaron como cinco o seis errores... por párrafo.

Para mí fue un duro golpe. Pasé como tres días diciéndome: *"Yo no sirvo para esto, yo no sirvo para esto, yo no sirvo para esto. Yo no sirvo para escribir"*. Fue un momento muy duro. Me castigué emocionalmente en muchas oportunidades. Habían herido mi ego.

Hasta que al tercer día pensé: *"Lo único que tienes que hacer es corregir. Corrígete. No te la sabes todas"*.

Y de esa forma entendí cómo poner en práctica en mi vida diaria la corrección. Cómo superponer la disciplina sobre el talento y darle un golpe a la arrogancia de creer saberlo todo. Fue definitivamente un insumo importante para tener de cerca la humildad.

Corregir continuamente es tarea de valientes.

Sí, corregirse es de valientes. Si quieres emprender, iniciar una idea nueva, tienes que entender que lo nuevo requiere de aprendizaje y requiere también de errores que hay que ir corrigiendo.

Una vez una persona me dijo que yo escribía muy bien y que tenía mucho talento, ya que temas complejos los convertía en fáciles. Yo pensaba:

"¿Talento? Si esta persona supiera el tiempo que dedico a mejorar mi escritura, la cantidad de textos que leo, la forma que busco para resumir y poner fácil cualquier contenido denso, seguramente le daría más crédito al trabajo y a la disciplina".

Cuando escribí mi segundo libro, ya los errores disminuyeron drásticamente. Para este último todavía los tuve, pero en una proporción mucho más pequeña.

Parece mentira pero todo está en el entrenamiento. En el ensayo y el error. He tenido la oportunidad de correr cuatro maratones y la experiencia es indescriptible en emociones y esfuerzo. Prácticamente parece que transcurre una vida en las cuatro horas del recorrido. La energía que experimentas al competir al lado de miles de personas, con el apoyo y los gritos de la gente, es indescriptible. Es una experiencia que al vivirla por primera vez, difícilmente se puede dejar de hacer.

Sin embargo hay algo que tengo que decirte. Lo complejo y extraordinario del maratón no es el día de la carrera sino el entrenamiento. Las horas, los días, los meses de disciplina, dejando de salir a fiestas, dedicando entre diez y quince horas a la semana al ejercicio, a corregir la técnica, la alimentación… En pocas palabras, no se trata de llegar a la meta, se trata de en quién te conviertes en el camino.

El proceso de ensayar, de corregir, te transforma. Te cambia, eres otra persona más evolucionada. No es llegar a la cima la garantía del éxito, es lo fortalecido que saliste en las subidas. Porque lo importante sin duda es mantenerse.

También para corregirte tienes que aprender a diferenciar entre los críticos constructivos y los destructivos. Porque hay personas, amigos, familiares que critican indiscriminadamente y esto puede caerte mal. Llénate de paciencia y entiende que son parte de todo lo que te toca vivir. Siempre habrá quienes estén pendientes de los errores y de lo que haces.

En mi caso por ejemplo, cuando me presento en una reunión familiar o con amigos cercanos se burlan y me dicen con tono arrogante: "Llegó el ESCRITORRRRRRRRRR". Dejando la R pronunciada por largo rato.

Lo mismo sucede cuando estamos comiendo y se produce una conversación clásica en la mesa. Si por casualidad se me ocurre pronunciar mal una palabra, sale alguien que dice: "Mira como habla y eso que es ESCRITORRRRRRRRRR".

Pero no crean que todo acaba ahí. Cuando terminamos de comer y estoy a punto de irme, siempre escucho a uno que dice: "*Ángel Javier, anda a fregar tu plato*". Otra frasecita que me descalabra y que parece perseguirme a todos lados. Especialmente cuando alguno se la da de chistosito y agrega: "No creas que porque eres ESCRITORRRRRRRRRR no vas a fregar".

Por eso es que les digo: hay que estar preparado emocionalmente para lidiar con estas situaciones. Y aprovechar las enseñanzas que cada experiencia te deje. Yo particularmente entendí y aprendí tres cosas importantes que quiero que tú te lleves para tu emprendimiento:

- *Siempre habrá personas que critiquen todo lo que haces. No importa lo que sea, hay gente a la que no le va a gustar. De modo que sigue adelante y sé tú. Pregúntate qué tienes que aprender de ellos.*

- *Cuando las cosas son importantes no te van a salir bien a la primera, por lo tanto entiende ese concepto y aprende de los errores, pero jamás dejes de intentarlo.*

- *Y la tercera, que por muy bueno que sea lo que estás creando siempre puedes mejorar. Así que evoluciona día a día, conviértete en un aprendiz y crece permanentemente.*

Ten tú la última palabra, pero también escucha a la gente. Sé curioso, aprende rápido, actúa. Intuye y ten la respuesta final. Mantente observando. Conocer nunca es observar. Conocer es estático, observar es dinámico y mucho más amplio. Esto te convierte en un aprendiz y te mantiene corrigiéndote de manera constante.

Lo que te va a mantener vivo es el continuar aprendiendo. No puedes dejar de hacerlo. Por eso es bueno corregir los errores, pues muchas veces errar te enseña más que acertar.

Corrígete.

No hay meta

Estaba agotado pero feliz porque ya llegaba a la meta. Solo le faltaba un poco. Ya estaba a punto de romper el celofán y declararse ganador. Había trabajado tanto, durante tanto tiempo, que no veía la hora de lograr lo que siempre se había imaginado.

Los entrenamientos lo habían puesto fuerte, se había convertido en otra persona, con un cuer-

po lleno de músculos. También emocionalmente era duro. Con un corazón consolidado y un espíritu diferente. Era el momento justo para la victoria.

Se imaginaba todos los días en la cima. ¡Claro!, el trabajo de visualización había hecho efecto. Después de todo tuvo un gran entrenador que le había ayudado a crear una mentalidad fortalecida. Por lo que todo estaba listo para su triunfo. Esta vez los obstáculos iban a desvanecerse para darle paso a ese dulce sabor que le ofrecía el éxito.

Era el momento. Por fin lograría lo que su padre tantas veces le había dicho: "Lo más importante en una persona triunfadora es llegar a la meta".

*Y así lo hizo. Lo consiguió. Todo era como lo había planeado. Hasta que algo interrumpió su llegada. Un cartel que decía: "**NO HAY META**".*

Consternado se dio cuenta que el triunfo no era lo que siempre había esperado. Así que respiró profundamente. Inhaló y exhaló varias veces para poder conectarse con su interior de forma paulatina. Pronto comenzó a entrar en un estado de trance. Su imaginación era como un microscopio que veía el movimiento de cada célula en su cuerpo. Hasta que volvía de golpe *a la confusa realidad del cartel que decía: "**NO HAY META**".*

Pero seguía respirando. Su corazón palpitaba lentamente. Logró conectarse con su cerebro, luego con su mente, hasta abrir la puerta de su espíritu. Y así lo vio. Descubrió una revelación alegre que inundó su cuerpo: Sí, no hay meta. No hay meta, soy solo yo. No es llegar, no es ni siquiera mantenerme. Es en quién me he convertido durante el proceso. Amo lo que he vivido. Siento la experiencia. Esa es la meta.

5
Enamórate

$\mathcal{H}$ay gente que emprende exclusivamente por lograr fama y fortuna. La verdad no estoy en contra de eso. Pero debo decir que en muchas ocasiones el dinero y los admiradores tienden a ser una farsa, cuando el emprendimiento que se lleva a cabo no está apoyado en valores y objetivos más concretos y productivos.

Existe mucha expectación dentro de la sociedad por la idea de tener seguidores en Facebook, Twitter o Instagram. Hay un dicho por allí que dice: "Tener muchos seguidores en el Facebook es como ser rico en monopolio". Igual que existe siempre una gran expectativa por aparecer en algún medio de comunicación como la radio, la televisión y la prensa.

Sin embargo, lo que está detrás de todo este mundo es más profundo y rico en contenido que los mismos escenarios, o las imágenes que observamos.

La televisión es prácticamente una fantasía. Me refiero al espacio. Es como cuando el entrenador de fútbol tiene que salir a dar alguna información a la opinión pública después de los partidos. Todo es apariencia. Pero lo que sucede en el juego y en los camerinos es mucho más complejo de lo que las declaraciones reflejan en realidad.

Yo mismo he estado en televisión y, sin ofender a la gente que se gana la vida en este medio, me parece bastante irreal. No muestra para nada la esencia de la persona. Es más protocolo que otra cosa.

En estos sitios te maquillan y te producen para que te veas mejor de lo que eres. Todo se desenvuelve dentro de un entorno minimalista donde el ochenta por ciento del lugar se resume a un montón de cables y luces. Por eso no hay que confundirse ni dejarse llevar por este tema de la exposición. No todo es lo que parece, ni todo lo que brilla es oro. Las personas que hacen vida en estos espacios son mucho más profundas de lo que se refleja. He conocido grandes maestros de vida por este medio, emprendedores, personas que suman a la evolución de nuestro mundo. Y que a veces, por la fama que ofrece este ambiente, pierden el norte de la verdadera causa.

Enamórate de la causa, no de la farsa

Hace un tiempo atrás empecé a tener éxito con mis libros y conferencias. Esto impulsó que me llamaran de varios lugares para presentarme y hacer conocidas mis obras.

En una de esas visitas, a la televisión específicamente, me sucedió algo muy curioso. Esperando para grabar con mi amigo Stephan Káiser (que también es un conferencista exitoso y tiene su propio programa), alguien del público que observaba la transmisión se acerca y me dice:

—¿Usted es Ángel Gámez?

Y le respondo:

—Sí.

Luego me pregunta:

—¿Y usted es escritor y conferencista, verdad?

Respondo afirmativamente, pero esta vez con un incontrolable aire de superioridad que se estaba apoderando de mi cuerpo.

Luego volvió a preguntarme un poco sonriente:

—¿Y usted tiene una entrevista ahora con Stephan Káiser?

Yo afirme nuevamente, explotando de orgullo y satisfacción.

—¿Entonces usted me puede hacer un favor?

—Sacó un bolígrafo y un papel, haciéndome señas como para que escribiera.

Por mi cabeza pasó: "Me lo está pidiendo y delante de los ojos de varias personas". Ya no aguantaba más la hinchazón de aire en mi pecho inflado.

Y de pronto me dijo:

—Me puede conseguir un autógrafo de Stephan Káiser.

Y así, pissssssssssssssss. Me espiché completamente. Se me vino abajo el castillo de naipes que se había formado en mi cabeza y en mi corazón. En ese momento comprendí que si hay algo de lo que como emprendedor debe alguien enamorarse, es de la causa y no de la farsa. La farsa es la fama, los autógrafos, el dinero. Ese no puede ser el objetivo. Debe ser una consecuencia del objetivo, no la búsqueda principal.

La fama puede ser algo superfluo, volátil e ilusorio. Los emprendedores no deben estar atados a esto. Aprender a disfrutar de la conexión con las personas y con nosotros mismos es mucho más productivo y sólido.

Cuando te enamoras de la causa empiezas a comprender que la razón del viaje no es el destino, sino el trayecto. Que no es el dinero, sino la posibilidad de cambiarle la vida a otro.

Enamorarse es saber diferenciar entre el ego y la autoestima. Es saber cuidar la verdadera base de lo que deseas. Cuando se tiene algo de fama y fortuna, la ambición y la prepotencia pueden embriagarte fácilmente y apoderarse de tu mente y tu corazón. Pueden hacerte perder el norte y la causa principal por la que estás emprendiendo. Que no es otra cosa que ayudarte y ayudar a otros. Vinimos a este mundo a ser felices y a apoyar a nuestros similares. Cuando podamos comprender esto nuestra tarea va a estar enrumbada hacia el verdadero éxito integral. Todo emprendimiento que pueda respetar estos principios está destinado a la victoria.

Cuando hay amor sólido por lo que haces y una causa sustentable de ayuda al prójimo, cualquier otra cosa que consigas es secundaria. De modo que enamórate. Enamórate de la causa.

Comentarios del Lector

Muchas cosas en la vida requieren tu atención, entre ellas el ego. Es fácil perder el norte cuando comienza nuestro éxito. Sobre todo por los medios de comunicación, por el reconocimiento, la fama, la fortuna y las personas en nuestro entorno. Sin embargo, nada es más importante que cuidar de ti mismo y hacer de tu felicidad una prioridad. Es necesario estar alerta y conservar la humildad, para que en lo personal te valores por lo que eres. Las demás cosas vienen por añadidura, porque siempre hay algo de ti que dejas en cada persona que conoces.

JUANA BARÓN
Coach vibracional. Trainer CRP. @juanarbb

Lección Extra: No existe

La lección extra lamento decirte que no existe. Hay que hacerla. Ejecutarla. Hay algo que no puedo decirte y que difícilmente lo consigas en un libro, en un curso o en algún otro sitio que no sea en ti mismo.

Puedes haber vivido las experiencias más significativas. Pero hay algo que tienes que descubrir por tus propios medios.

Tienes que entender que eres parte de un plan mucho más grande. Que hoy, ahora, estamos viviendo el mejor momento de la historia. Estamos viviendo el *despertar de la conciencia*. La era del mundo espiritual. Que no abandona el mundo terrenal y físico sino que más bien lo fusiona.

Comprenderás esta lección cuando sepas que el universo es totalmente abundante y que hay para todos.

Siempre estamos en búsqueda de una fórmula, de una respuesta, tratando de conseguir algo o que alguien nos dé la pastilla para lograr el éxito. Pero el verdadero secreto es que no hay ninguno. La magia no existe, está dentro de ti. No es la canción, es el cantante. No es la información, es el conferencista. No es la máquina, es el operador, el inventor. No es el libro, es el escritor.

Ni siquiera tienes que esforzarte en algo que no te agrada, ni querer ser diferente. Ya lo eres. Eres único o única. Con eso lo espléndido se manifiesta en cada una de tus acciones. Solo con respirar conscientemente vas a ir ganando terreno valioso en tu emprendimiento. Muchas veces eso es solo lo que hace falta para conseguir soluciones creativas a situaciones que a simple vista no las tenían.

Es allí cuando te das cuenta como emprendedor que la crisis, más que un momento difícil, es una oportunidad de cambio, una oportunidad de hacer las cosas de manera diferente. Que la crisis genera en ti una forma diferente de evolucionar, sacando la valentía y la fortaleza que te identifica desde siempre.

He estudiado mucho este tema del emprendimiento. Lo he vivido en carne propia, he escuchado muchos testimonios y además he visto personas convertirse de la nada en grandes empresarios, grandes en lo que hacen y en lo que aman. Pero con el tiempo pude darme cuenta que el secreto es más simple de lo que parece. Que todo el éxito siempre parte del sitio de origen. De las palabras que me decía mi mamá cuando estaba chico. Todo se trata de ti mismo, de nadie más. La fórmula siempre va contigo a todas partes. Eres tú. Es tu motivación. Es eso lo que va a garantizar tu éxito, tu felicidad, tu sentir. Y si tuviera que decirte algún consejo mágico, entonces te diría: *"Actúa con amor"*. Todo lo demás vendrá solo.

La Biblia tiene muchas interpretaciones en sus textos. Pero hay una frase que no se puede interpretar, es literal: Dios es amor. Si deseas ver, oír o sentir a Dios, manifiesta amor.

Comentario del Lector

Agradecida por la oportunidad de ser un puntito de luz en este obsequio que entrega Ángel con una hermosa destreza.

*Describe en pocas líneas el secreto a voces que mueve el universo. Esto me maravilla porque denota la licencia y soltura con la que se expresa el **yo soy en él**.*

Yo, a quien le ha tomado media vida recordarlo y la otra mitad comprobarlo, puedo reconocer fácilmente la verdad en sus palabras. También creo (de creer y de crear) que así es la vida, simple y muy fácil cuando nos reencontramos en su profundo misterio. Sobre todo, resueno con que no hay nada que podamos darte que no te des tú primero. Ángel también dice la verdad, pero no le creas nada. Compruébalo tú mismo.

CRISTINA OLIVERO

Mamá. Escritora. Comunicadora social.
Locutora al servicio del amor y facilitadora de Alta Vibra.
@yosoyaltavibra
www.altavibra.com

Mi música es eso, mi música es como yo. Felicidad. Es vivir el aquí y el ahora. Estamos aquí y nos olvidamos de todo lo demás. Este es un momento especial para que te conectes tú también con algo o que te conectes a través de la música contigo mismo... Creo en Dios, pero desde un punto de vista muy mío. Creo que Dios es como una interacción. Uno no está fuera de Dios, uno interactúa dentro de Dios. Porque todo lo que está aquí dentro de mí es Dios. Uno es parte de Dios. Mi mejor momento, mis mejores toques sé que no soy yo. Yo cuando estoy en mi mejor momento hago cosas que luego me digo: "¿Qué es esto?". Entonces sé que soy parte de otra cosa. Y es entendiendo que hay algo que es más grande y que soy parte de eso.

HÉCTOR GÁMEZ @hectorgamezdj

La semilla

Un hombre iba caminando hacia su casa y quería hacerle un regalo a la mujer de su vida. De pronto observó cómo un señor de edad avanzada estaba regando unas espectaculares flores de variados colores y formas.

Con solo verlas causaban un impacto positivo en quien las veía. Su colorido era impresionante y sus formas múltiples. Daba la sensación de que cambiaban continuamente de color. La verdad es que era un espectáculo inigualable. Parecía que aquel hombre era atraído hacia las plantas, como si una soga invisible y mágica lo halara.

El olor que desplegaban las flores le traía recuerdos que no podía asociar de manera consciente. Por lo que de forma impulsiva, como si no lo pudiera evitar, le preguntó al señor mayor:

—¿Cómo hace para que las plantas puedan florecer así?

El viejo le respondió:

—*Solo tienes que darle muchos cuidados, sobre todo los primeros cinco años, de lo contrario no florecen. Ya después que comienzan, lo hacen todo el tiempo y durante toda la vida.*

El hombre, impresionado con aquello que estaba viendo, consideró que una de esas flores podría ser un regalo muy valioso para su mujer. Por lo que se apresuró diciendo:

—*¿Me puede vender unas de esas flores para la mujer de mi vida?*

El señor cabeza blanca, por las canas, lo miró con una sonrisa dibujada en sus labios como si conociera algo que el joven no sabía. Y le respondió:

—*Lo que ocurre es que las flores al cortarlas se marchitan inmediatamente, la única forma de que se mantengan es estando en la planta.*

El hombre joven seguía con la mirada clavada en las plantas y observaba que aquel señor tenía muchas, unas de ellas en pleno crecimiento, otras ya más crecidas y unas mucho más grandes. Entonces, pensando un poco insistió:

—*Señor, deseo mejor comprarle una de las plantas, le voy a dar una muy buena remuneración. Se lo pido por favor. Incluso puede darme una de las pequeñas, o algo para ir cultivándolas.*

El señor se puso muy serio y asintió levemente con la cabeza. Se acercó a una bolsa que estaba en el suelo y sacó algo redondo y muy pequeño.

Entonces el anciano le dijo:

—No te voy a vender la planta. Te la voy a regalar.

Estiró su mano y dejó caer una semilla del tamaño de una canica.

El joven, totalmente perplejo y atónito por lo que vio, le preguntó enfáticamente:

—¿Que significa esto?

El viejo le dirigió una mirada de amplia sabiduría. Puso una mano en su hombro y acercó su boca hacia el oído del joven diciéndole en un susurro algo que aquel hombre jamás olvidaría, algo que cambiaría su manera de ver las cosas:

—Todas las flores del mañana están en la semilla de hoy. Todas las flores del mañana están en la semilla de hoy. Todas las flores del mañana están en la semilla de hoy.

Nos veremos pronto.

Un abrazo de corazón a corazón.

Bibliografía

KIYOSAKI, Robert (2013). *El negocio del siglo 21*. México, Distrito Federal: Santillana Ediciones Generales, S.A.

Bibliografías y vidas. (s.f). Consultado el 23 de febrero, 2016, de http://www.biografiasyvidas.com/biografia-/b/bismarck.htm

COGRAF COMUNICACIONES (s.f.). Consultado el 12 de marzo, 2017, de http://www.cograf.com/asesoria- /lecturas/historia.php

ORGANIZACIÓN INTERNACIONAL DEL TRABAJO (2009). Consultado el 03 de Noviembre, 2016, de http://www.ilo.org/global/publications/world-of-work-magazine/articles/ilo-in-history/WCMS_122242/lang—es/index.htm.

Impreso en Venezuela

durante el mes de julio del año dos mil diecisiete

en los talleres litográficos de

MIGUEL ÁNGEL GARCÍA E HIJO, s.r.l.

Sur 15 • N° 107 • El Conde • Caracas

Teléfono (0212) 576.13.62

doranicholls@gmail.com

www.ingramcontent.com/pod-product-compliance
Lightning Source LLC
Chambersburg PA
CBHW071319220526
45468CB00001B/433